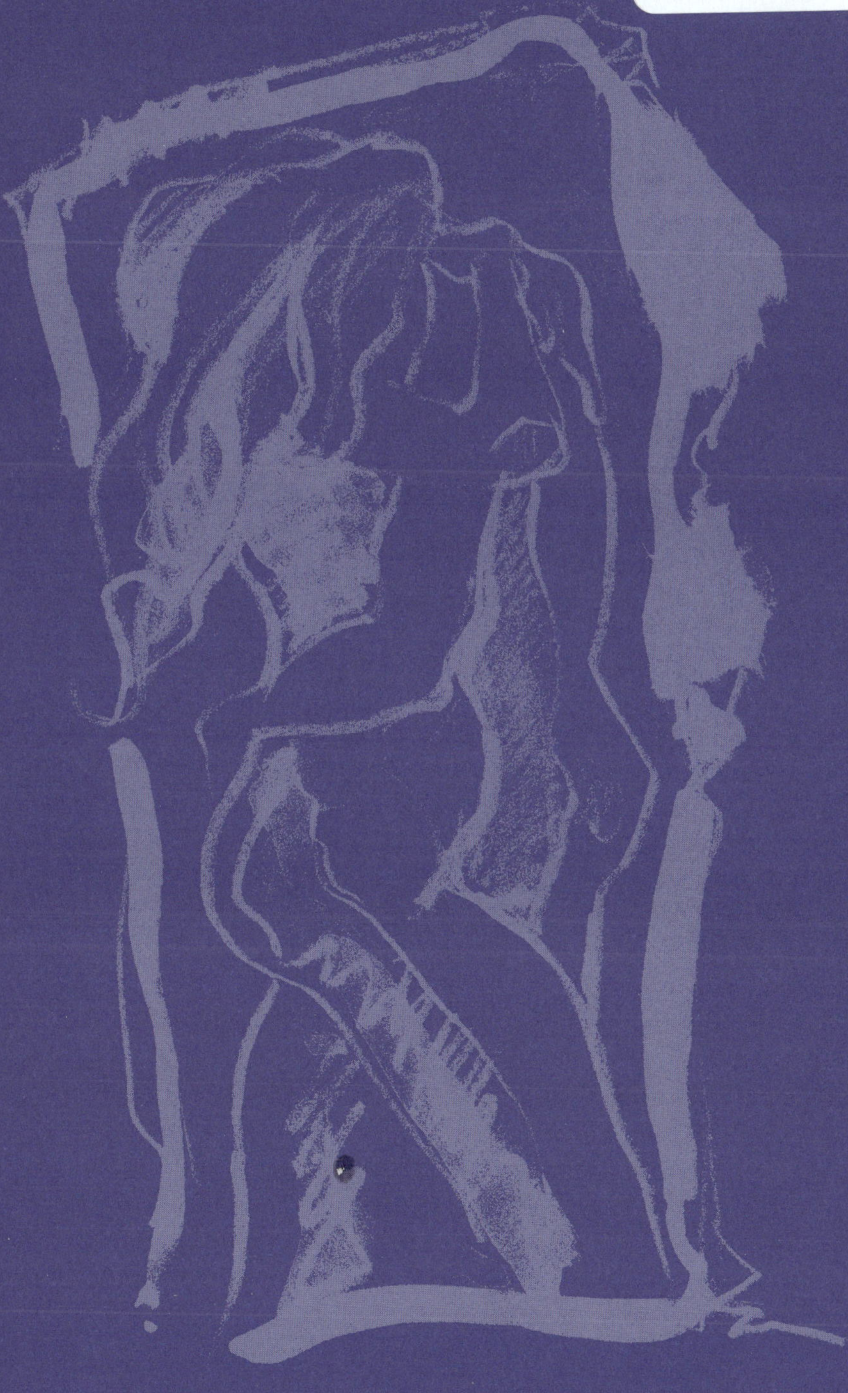

Mathias Jung

Zeit für Zärtlichkeit

Vom Abenteuer der Zuneigung

Es gibt nur einen Tempel in der Welt,
und das ist der menschliche Körper.
Nichts ist heiliger als diese hohe Gestalt …
man berührt den Himmel, wenn man einen Menschen betastet.

Novalis (1772–1801),
Aphorismen

Mathias Jung

Zeit für Zärtlichkeit

Vom Abenteuer der Zuneigung

ISBN 3-89189-096-6
2. Auflage 2005
Illustrationen: Andrea Montermann
Umschlaggestaltung: Andrea Montermann
Inhaltliche Gestaltung/Layout:
Andrea Montermann und Martin Gutjahr-Jung

Gesamtherstellung: Kösel, Krugzell

Inhalt

Morgengabe 7

Philosophie der Zärtlichkeit 17

Premiere 33

Eros 45

Wortküsse 55

Geben und Nehmen 65

Supernova 81

Abendgabe 93

Morgengabe

… die einzigartige, unvergleichliche, fürs ganze Leben unabänderlich festgelegte Bedeutung der Mutter als erstes und stärkstes Liebesobjekt, als Vorbild aller späteren Liebesbeziehungen.

Sigmund Freud,
Abriss der Psychoanalyse

Wann habt ihr euch das letzte Mal geküsst? Das pflege ich in der Paartherapie zu fragen. Oder: *Streichelt ihr euch noch?* Fast immer schaut mich das Paar erstaunt an – ich habe es aus der Fassung gebracht. Ich komme mir vor, als ob ich eine obszöne Frage gestellt hätte. Eigentlich wollte ich nur wissen, ob die beiden sich noch küssen und miteinander schmusen. Ich bin immer wieder verblüfft – viele Paare können sich an die letzte Zärtlichkeit nicht mehr erinnern.

Dabei liegt der Fall klar: Man kann ohne Sexualität leben, aber nicht ohne Zärtlichkeit. Ohne Zuwendung versteinern wir. Wir ruhen in einem Panzer wie eine Kastanie in ihrem stacheligen Mantel. Nichts ist schlimmer als Berührungsarmut.

Wie anders waren wir als Kinder! Da haben wir uns ununterbrochen, bei Mensch und Tier, körperlichen Kontakt geholt. Wir haben alles, was uns lieb war, *be-griffen*, *be-handelt.* Wir zeigten uns *be-rührt.* Wenn es Monate oder gar Jahre her ist, dass ich den Körper und die Wärme eines anderen Menschen gespürt habe, dann werde ich zum Eiszapfen. Ich funktioniere nur noch, sachlich und nüchtern. Innerlich verhungere ich jedoch. Nicht selten falle ich aus diesem existenziellen Berührungshunger heraus in die Sucht: Essen, Trinken, Rauchen, Fernsehen, Kaufrausch. Ich hole mir Pseudoberührungen, Ersatzzärtlichkeiten, Kontaktsurrogate. In Wahrheit sehne ich mich nach *echtem* Gehaltenwerden, Streicheln und Umarmungen, den archetypischen Gesten der Sympathie.

Alle statistischen Befragungen bestätigen den hohen Wert der Zärtlichkeit. Dreiviertel aller Frauen halten das Thema Sexualität für überbewertet. Für achtzig Prozent ist die Zärtlichkeit wichtiger als pure Erotik. Das ermittelte das Meinungsforschungsinstitut INRA. Sechsundfünfzig Prozent der gleichen befragten Frauen haben sich vom Ideal der ewigen Leidenschaft entfernt. Sie sind der Ansicht, dass es ganz normal ist, wenn in einer langen Beziehung die Lust nachlässt. Rund ein Viertel dieser Frauen wünschen sich, sie könnten dem Partner sagen, er möge zärtlicher sein.

Doch was ist Zärtlichkeit? Lässt sie sich lernen? Welche Zärtlichkeiten habe ich von meiner Mutter bekommen, welche gab mir mein Vater? Gibt es typisch weibliche und typisch männliche Zärtlichkeiten? Gab es Zärtlichkeiten zwischen uns Geschwistern? Sind Oma und Opa, die Tante oder ein Onkel liebevoll mit mir umgegangen? Habe ich Zärtlichkeiten mit Tieren erlebt? Wie ist meine Erinnerung an die Zärtlichkeit in der ersten Liebe? Gibt es ganz besondere, innige oder schnurrige, Zärtlichkeiten in meiner gegenwärtigen Beziehung? Von welchen noch nicht erlebten Zärtlichkeiten träume ich? Kann ich über Zärtlichkeit sprechen? Traue ich mich, Zärtlichkeiten zu geben? Habe ich Angst vor Missverständnissen? Habe ich schon einmal einen längeren Zeitraum ohne Zärtlichkeit gelebt? Was hat das mit mir gemacht? Wie hängen für mich Zärtlichkeit und Sexualität zusammen? Wenn ich Single bin, von wem hole ich mir Zärtlichkeit? Wie empfinde ich *Zärtlichkeit für mich selbst*? Bin ich in Sachen Zuwendung mehr ein Nehmender oder ein Gebender? Habe ich meine Formen der Zärtlichkeit verändert? Was ist das schönste Zärtlichkeitserlebnis in meinem Leben?

Fragen über Fragen also. Einhundertdrei Schreiber, davon zweiundsiebzig Frauen und einunddreißig Männer, haben mir auf meine Fragen zur Zärtlichkeit aufrichtig, erfrischend und ohne Scheu geantwortet. Dafür möchte ich euch, liebe Frauen und Männer, von Herzen danken. Ihr habt die Not nicht verschwiegen, die die zärtlichkeitslosen Zeiten eurem Leben angetan haben. Aber ihr schenkt uns Lesern, über alle Sonnenflecken des Neurotischen hinaus, mit heiteren, beschwingten und inspirierenden Lektionen der Zärtlichkeit, wahre Champagnerbläschen des Eros. Vor unseren Augen entsteht eine Philosophie der Zärtlichkeit. Habt herzlichen Dank, ihr zärtlichen Schreiberinnen und Schreiber!

Zärtlichkeit ist eine Morgengabe des Lebens. Was bedeutet denn Kindheit anderes, als Einsamkeit und Krisenzeiten mit der Nervenstärkung der Liebe zu überleben. Hier geht es um nicht weniger als ein Initialerlebnis der Ich-Werdung.

Natürlich habe ich, um die Intimität der Schreiber zu schützen, wie immer, die Namen geändert.

Kinder holen sich bei Bedarf ersatzweise Zärtlichkeit von anderen Menschen. Hella hat sich bei ihrer geliebten Tante Elly zusätzlich verproviantiert. Tante Elly war die Besitzerin des Hauses, in das die Familie nach dem Krieg zusammenrückte: *Ich durfte immer zu ihr kommen. Sie streichelte mich mit ihrem liebenden Blick, ihrer ruhigen heiteren Art, ihrer sanften Stimme, ihrem Humor, ihrer Großzügigkeit, mit ihrer friedvollen Umgebung. Sie hatte ein Leuchten in den Augen, voller Güte und Kindlichkeit.* Wer selbst als ein zartes, bedürftiges Geschöpf mit Zartheit behandelt wird, praktiziert die *tendresse,* wie die Franzosen die Zärtlichkeit nennen, auch gegenüber anderen.

Heute gibt Hella ihren Kindern zu verstehen, dass sie das Liebste für sie auf dieser Welt sind. Sie streichelt sie *mit Händen und Augen.* Hella resümiert: *Zärtlichkeit ist wie ein Sonnenstrahl, wie Sahne, wie Licht. Das Licht der Liebe. Ohne Licht gehen Pflanzen zugrunde, sie können sich nicht entfalten. So ist es auch mit den Menschen. Auch die Tiere gehören dazu.*

Tief berührt hat mich bei der Sichtung der reichen „Zärtlichkeitspost" die Liebesfähigkeit von Vanessa. Sie ist erst siebzehn Jahre alt, scheint jedoch bereits von Kindesbeinen an eine Millionärin der Liebe zu sein: *Als Säugling, Kleinkind und Kind bekam ich, glaube ich, viel Zärtlichkeit. Meine Mutter knuddelte mich, küsste, umarmte und streichelte mir oft über den Kopf, wie man das bei einem „braven Schulkind" macht. Sie hat auch nette Spiele gemacht, bei denen man sich an die Hand nimmt und berührt, und später Dinge, die Mutter als Kindergärtnerin gelernt hatte.*

Vanessa erinnert sich noch heute voller Freude an die Zärtlichkeit mit ihrer kleinen Schwester. Dabei fühlte sie sich zunächst durch den Nachkömmling entthront: *Als meine Schwester zur Welt kam, war ich zehn Jahre alt. Zuerst war ich eifersüchtig, aber dann fand ich heraus, dass dieses kleine schreiende Wesen richtig niedlich sein konnte. Ich habe mich schließlich viel mit meiner Schwester beschäftigt. Ich habe sie so lange herumgetragen, bis sie einschlief, sie gewogen, mit Küssen überschüttet und eine Menge mit ihr angestellt. Als sie drei Jahre alt war, haben wir Akrobatik geübt. Als sie älter war, zeigte sich Zärtlichkeit auch darin, dass sie angerannt kam, wenn sie sich wehgetan hatte, um sich von mir in den Arm nehmen und trösten zu lassen. Seit sie sechs Jahre ist, streicheln wir uns ab und zu. Ich streichele sie, wenn es ihr nicht gut geht oder wenn sie einen Albtraum hatte. Sie streichelt mich, wenn sie meint, dass ich etwas sehr gut kann, zum Beispiel modellieren oder malen. Dann streichelt sie mich am Rücken und lobt mich. Ist es nicht niedlich, wenn die kleine Schwester einen für etwas lobt, wovon sie noch gar keine Ahnung hat? Wir umarmen uns auch gern, tanzen miteinander oder kitzeln uns, bis wir umfallen.*

Auch bei den Großeltern tankte Vanessa auf: *Meine Oma nahm mich oft in den Arm und kuschelte mit mir, was ich als „klasse" empfand. Die Begrüßungsküsse meines Opas fand ich etwas doof, sie waren so nass! Aber beim Fernsehen streichelte er mir oft väterlich über den Kopf. Das fand ich schön.*

An Vanessa kann man sich ein Beispiel nehmen, wo überall man sich Zärtlichkeit holen kann und darf: *Ich liebte und liebe es, mit Tieren zu schmusen. Mit Hunden, mit meinen Meerschweinchen und meinen Mäusen. Mit den Pferden auf einem Bauernhof, auf dem ich öfter war und bin, und mit Hasen und Kälbern. Was ich am meisten schätze, ist es, mit Ziegen zu schmusen. Ich habe bei diesen Tieren nicht das Gefühl, dass nur ich zärtlich bin, sondern dass ich auch irgendwie Zuwendung zurückbekomme. Besonders die tierische Unvoreingenommenheit, Zärtlichkeit zu genießen, gibt mir ein gutes Gefühl.*

Zärtlichkeit hält den Menschen am Leben, stimmt ihn zuversichtlich und gibt Kraft. Eine Partnerschaft zwischen Mann und Frau ohne Zärtlichkeit oder eine gleichgeschlechtliche Beziehung ohne die Andeutung von Zärtlichkeit wird verkümmern!

Ob wir als Kind Zärtlichkeit erhalten, das entscheidet meist über unsere spätere seelische Grundausstattung. Der große deutsch-amerikanische Psychologe Eric Erikson kam in seiner Lebenszyklus-Forschung zu dem Schluss, dass das Plus oder Minus unseres frühkindlichen Liebeshaushaltes entscheidend für uns als Erwachsene wird. Werde ich von Mutter und Vater liebend gehalten, darf ich mit ihnen symbiotisch verschmelzen und ihrer Liebe unerschütterlich sicher sein, dann gewinne ich *Urvertrauen* zum Leben. Ich verinnerliche die Botschaft: *Es ist gut, dass es mich gibt. Ich habe ein Recht, hier zu sein. Ich bin liebenswert. Ich bin ein Geschenk für diese Welt.*

Gerate ich dagegen in eine abweisende und abwertende Umgebung der Kühle und Lieblosigkeit, so fühle ich mich nicht nur unerwünscht, sondern halte mich auch nicht für liebenswert. Das ist die *Wunde der Ungeliebten* (Peter Schellenbaum), die fortan in mir brennt. Als Kind vermag ich natürlich noch nicht bei den Eltern eine mangelnde Liebesfähigkeit zu diagnostizieren. Erlebe ich Desinteresse, Ablehnung oder die Schläge einer *Schwarzen Pädagogik*, hege ich ein *Urmisstrauen* gegen die Welt. Ich fühle mich minderwertig.

Alle Kinder sehnen sich nach Zärtlichkeit. Ilona hat als Kind *versucht, mir diesen Wunsch nicht anmerken zu lassen. Körperliche Zärtlichkeit gab es praktisch nie. Mein Vater hat lediglich an Silvester meiner Mutter vor uns einen Kuss gegeben. Umarmungen oder sonstige Berührungen gab es nicht vor uns Kindern. Ich habe wahrgenommen, dass mein Vater schon mehr Zärtlichkeit gewollt hätte. „Aber doch nicht vor den Kindern", sagte meine Mutter. Mein Vater kam eindeutig zu kurz. Meine Mutter hätte sicher auch Zärtlichkeit gebraucht. Sie konnte aber selbst schlecht Zärtlichkeit geben. Nicht einmal mit Worten.*

Dafür hielt sich Ilona eine Zeit lang am geschwisterlichen Feuer warm: *Ich war ein ängstliches Kind. Mein vierzehn Monate älterer Bruder war mir bis wir etwa zwölf waren, mein Beschützer. Das war ein gutes Gefühl. Ich bin bei Angst auch einfach in sein Bett gekrochen. Mein fünf Jahre jüngerer Bruder wurde bis zu seinem vierten Lebensjahr viel von mir abgeknutscht. Er hat auch oft bei mir im Bett geschlafen, da ich ihm Geschichten erzählt habe. Als er mit vier Jahren die Zärtlichkeiten vollständig abgelehnt hat, war es fürchterlich für mich. Jetzt liebt mich keiner mehr.*

Als Zwölfjährige bekam Ilona Akne. Warum wohl diese Krankheit auf dem Kontaktorgan Haut? Gab die Seele Signale? Ilona: *Ich hatte auch immer das Gefühl, dass es anderen unangenehm sein könnte, wenn sie mich berühren. Ich habe keine körperliche Zärtlichkeit gegeben und habe meine Gefühle auch weitgehend mit mir selbst ausgetragen.* Heute lebt sie ohne Freund. Aber Ilona hat sich glücklicherweise noch die Sehnsucht als Lotsen zum Glück bewahrt. *Durch eine kurze sexuelle Beziehung und eine mehrjährige Wochenendbeziehung weiß ich, dass ich einen schönen Busen und eine zarte Haut habe und auch sonst eine ganz normale Frau bin. Und ich weiß heute auch, dass nicht mein Aussehen das Problem ist, sondern meine Gedanken. Ich bin heute nicht mehr so gehemmt. Ich kann auch körperliche Zärtlichkeit geben und auf andere Personen zugehen. Ich weiß, dass mich kein Mann retten kann. Das muss ich schon selbst tun. Manchmal will ich einfach knutschen, Sexualität leben, als Frau Bestätigung erleben. Mehr in den Tag hinein leben. Ich glaube, dass wir alle viel körperliche und psychische Zärtlichkeit brauchen. Wenn wir hier satt werden können, hat dies auf unser ganzes Leben und die Welt Auswirkungen. Wir sind toleranter. Wir können unserer Umwelt mit mehr Liebe begegnen. Die Liebe vermehrt sich. Je mehr wir geben, umso mehr bekommen wir.*

Zärtlichkeit verlangt Fantasie. Sie ist kein Vorrecht für Verliebte, sondern sie gehört in jedes Leben. Und die Familie ist der „Urraum" für Zärtlichkeit. Ich gebe und erlebe Zärtlichkeit, also existiere ich. Ohne Zärtlichkeit wäre unser Leben allein Disziplin und Pflicht.

Eltern sollten durch ihre Zärtlichkeit vorleben, wie schön diese Welt sein kann. Christian hält dankbar fest: *Meine Eltern sind auch heute noch wie frisch Verliebte. Ich habe bei ihnen viel davon gesehen, und es war alles echte Zärtlichkeit. Konkret, in Wort, Gestik, Körpersprache, Tat und, für mich sichtbar, auch in ihren Gedanken. Als Zärtlichkeiten meiner Mutter sind mir alle „Mami-Klassiker" verinnerlicht, vom sanften Aufwecken am Morgen bis zum Gutenachtkuss beim Besuch an meinem Bett. Die schönste Zärtlichkeit, die ich von meinem Vater bekommen habe, war sein Verständnis und seine Unterstützung für alle meine abenteuerlichen Projekte und Vorhaben, über die er sich auch immer viele Gedanken machte und noch macht und mir dadurch sein Interesse beweist.*

Natürlich kann das Erlebnis der Zärtlichkeit einfach das Barfußlaufen im Sand, der Anblick eines blühenden Kirschbaums oder die wärmende Frühjahrssonne sein. Zärtlichkeit spielt sich jedoch vor allem zwischen Menschen ab. Sie ist Beistand, besonders in der Hilflosigkeit der ersten Jahre. Eltern, Großeltern, Geschwister sind angerührt von unserer Bedürftigkeit. Sie beschenken uns mit einem Schatz von Zärtlichkeitserfahrungen. Das sind Heilmittel für unser kleines Herz. Ein altes

Sprichwort sagt: *Zärtlichkeit und Freude sind Geschwister, deren Mutter die Liebe und deren Zuhause das Herz ist.*

Christian hat, wie viele der Schreiber und Schreiberinnen, die wärmende Macht der Zärtlichkeit besonders in der Krankheit erfahren: *Als kleiner Junge war ich einmal krank, meine erste richtige Grippe. Ich lag im Bett meiner Eltern und delirierte so vor mich hin; dann kam unser englisches Kindermädchen, Deborah, mit einem Tablett mit Porridge, Toast und Tee. Sie befasste sich stundenlang mit mir, indem sie mir anhand eines Bilderbuches England und die englische Gesellschaft erklärte. Das gab mir unendlich viel Inspiration und Drive. Es war ein tolles Zärtlichkeitserlebnis, das mich auf so vielen Ebenen verwöhnte: Ich bekam Zuwendung in Form von angenehmer Gesellschaft, Nahrung, Schleckereien, intellektueller Anregung, Beistand in schlechten Zeiten. Und das alles in einer Aktion – herrlich.*

Gabriele findet Zärtlichkeit zwischen Mutter und Tochter: *Am schönsten ist es,* schreibt sie, *wenn meine jüngste Tochter und ich uns berühren, zum Beispiel Hand in Hand gehen, uns umarmen und dabei den Kopf des anderen ankuscheln oder mit der Nase uns anstupsen. Als die Kinder klein waren, küsste ich sie gerne auf den Bauch oder ich biss sie liebevoll in die Wangen.*

Die Mutter ist nach Freud das erste und stärkste Liebesobjekt, das Vorbild aller späteren Liebesbeziehungen. Susanne-Monika erinnert sich an die Morgengabe der Zärtlichkeit mit den ergreifenden Worten: *Nach der Geburt wurde mir mein Sohn kurz auf den Bauch gelegt. Ich spüre noch genau, wie durch diesen ersten Hautkontakt mich so viel Wärme und Liebe durchströmte, mich das so tief anrührte, dass ich einfach sprachlos war. Das löste eine endlose Flut von warmen Gefühlen und Zuneigung aus. Dieses zarte Wesen auf meiner Haut zu spüren, seine Wärme und unsere Berührung haben mich überwältigt. Ich empfand es als so schön und unfassbar, ich habe tagelang vor Rührung geweint.*

Philosophie der Zärtlichkeit

Wir haben überhaupt keine Philosophie der Liebe … womit ich das Fehlen des Minimums meine: Dass wir nämlich in unseren ausgesprochenen oder unausgesprochenen Philosophien die Liebe einfach a u s g e l a s s e n haben … Was zur Folge hat, dass nun jeder nicht nur zusehen darf, sondern zusehen muss, wie er sie in sein Leben einfüge und in ihm festlege … W i r mögen die Liebe zwar auslassen, aber u n s wird sie deshalb noch lange nicht auslassen.

Günther Anders
Tagebuch 1947

Der spanische Philosoph Ortega y Gasset (1883 bis 1955) konstatierte: *Die Liebe ist vielleicht der höchste Versuch, den die Natur macht, um das Individuum aus sich heraus zu dem anderen hinzuführen. Im Wunsch suche ich den Gegenstand zu mir zu ziehen, in der Liebe werde ich zu ihm hingezogen.* Zärtlichkeit wäre, so gesehen, ein zwischenmenschliches Bindemittel. Warum ist der Natur diese Hinführung der Individuen zueinander so wichtig?

Die traditionelle Philosophie hat Liebe und Zärtlichkeit (bis auf wenige Ausnahmen wie Plato oder Schopenhauer etwa) ausgeklammert und als Thema jenseits der Logik betrachtet. Das hat der Philosoph Günther Anders (Hauptwerk *Die Antiquiertheit des Menschen*) richtig beobachtet und gerügt. Doch wenn Philosophie ihrem Wortsinne nach *die Liebe zur Weisheit* bedeutet, so kann sie sich um das Menschlich-Allzumenschliche schlechthin, die Liebe, kaum herummogeln. Deswegen möchte ich im Folgenden den Versuch einer philosophischen Grundlegung der Zärtlichkeit unternehmen.

Fündig wurde ich auf meiner Suche bei dem niederländischen Philosophen Ton Lemaire. Er legte 1975 ein geistvolles, aber nahezu unbekanntes Werk mit dem Titel *Die Zärtlichkeit* vor. Aus existenzphilosophischer Sicht stellen sich die Liebkosung, der Kuss, der Blick als faszinierende Aspekte menschlicher Begegnung dar. Diese Art der Reflexion mag dir, lieber Leser, einen neuen Zugang zum besseren Verstehen des Phänomens Liebe eröffnen.

Lemaire beginnt seine Untersuchung mit der Frage: *Was rührt mich und macht mich zärtlich?* Schon die erste Antwort ist aufschlussreich: *Uns rührt in erster Linie alles, was durch seine Art gebrechlich, verletzbar ist: das kleine Kind, der wehrlose Mitmensch, das „empfindsame Herz", ein schlafender Mensch. Alles, was zart ist, hat die Fähigkeit, zärtlich zu stimmen. Zärtlichkeit und Zartheit werden in der Umgangssprache aufs Engste miteinander verknüpft und oft wechselweise gebraucht.* Zart ist, was klein ist und geringe Dimensionen hat, ein Kind, ein kleines Tier, ein schmächtiger Mensch, eine Blume. Vorsichtig gehen wir mit dem um, was als Ding zerbrechlich ist. Es löst in uns Sorgsamkeit und Besorgtheit aus. Ein Ding kann zerbrechen, eine Pflanze absterben, ein Tier Schmerz erleiden. Zärtlichkeit konstituiert ein Verhältnis der Fürsorge. Oft entwickelt der Stärkere gegenüber dem Schwächeren zarte Zuwendung. Das Urbild dafür ist die Mutter-Kind-Beziehung. Jede gute Mutter ist zärtlich zu ihrem Kind, sie streichelt es mit Händen und Blicken, sie spricht sanft zu ihm.

Gleichzeitig ist die Zärtlichkeit immer auch Begegnung. Lemaire: *Ich begegne anderen lebenden Wesen. Ich berühre ihre Haut, die warm und zart ist und die meine Berührung flieht oder sie gerade sucht; und unter oder hinter der Haut vermutet meine tastende Hand das pulsierende Leben. Indem ich berühre, werde ich selbst immer mitberührt … Das Baby lebt in einem „taktilen Universum“: Es wird gestreichelt, gehalten und emporgehoben von den Händen seiner Mutter; es sucht ihre Brüste, die es nähren, und es verspürt die Zartheit ihres Gesichts, das sich gegen es drückt und es liebkost.* In der harten, strafenden Hand der Eltern erlebt das Kind dagegen die Autonomie und Ablehnung der Außenwelt und die urmenschliche Einsamkeit: *In der Erfahrung der strafenden Harthändigkeit und der freundlichen Sanftheit des anderen ist die eigene Haut dem Kind gegenüber das Getroffene und Gehegte bzw. das Verletzbare und Hegbare.*

Die Zärtlichkeit wird so zu einem Modus der Welterkundung, besonders in der Geschlechtlichkeit der Pubertät. *Das Mädchen entdeckt die Härte und Hartheit des Jungen, seine Dynamik, seinen Griff nach der Welt und seinen Körper als eingerichtet zum Überwinden von Gegenständen. Der*

Junge entdeckt die Zartheit und Feinheit des Mädchens, ihre Aufmerksamkeit für das Nahe und Vertraute, ihren Körper in seiner seltsamen Pflanzenhaftigkeit, die ihn entzückt und betört. (…) In der Pubertät und danach reift das Verlangen nach Liebkosung, aber jetzt nicht nach Liebkosung der Eltern, sondern des anderen schlechthin: des Mädchens, in das ich mich verliebt habe, oder des Jungen, von dem ich träume. Und mit dem zunehmenden Verlangen reift der Sinn der Haut. Alles an der Haut des Mädchens wird bedeutungsschwer für den Jungen: ihre kleinen Hände, die zarte Linie ihres Halses, ihre Lippen, ihre weichen Brüste und ihre Beine. Das Zarte, das Runde und das Sanfte scheinen danach zu verlangen, gestreichelt zu werden. Die Bedeutung, welche die Haut fortan behalten wird, ist: Fläche, möglicher oder wirklicher Liebkosungen zu sein. Es entsteht ein Verlangen nach Zärtlichkeit, bedingt durch die Faszination des Fremden, anderen.

Selbst und gerade die sexuelle Vereinigung ist schließlich Zärtlichkeit in höchster Potenz: *Das Verlangen nach Intimität sucht eine größtmögliche Berührungsfläche mit dem anderen und findet diese schließlich im Koitus. Denn der Penis kann als ausgestülpte Haut betrachtet werden, die Vagina als die ihn empfangende, umfassende Haut. So gesehen erscheint der Koitus als die Kulmination eines fortschreitenden Kontaktes zweier epidermata, als die kurzwährende Vollendung der Berührung. Der Koitus ist die totale und absolute Berührung: der Orgasmus die Art und Weise, wie diese totale Berührung erlebt wird.*

Im Zeichen der Existenzphilosophie bestimmte Ton Lemaire die Zärtlichkeit als eine Gegenkraft zur Angst. Die Angst prägt den Menschen nach Auffassung Martin Heideggers unentrinnbar. In seinem Hauptwerk *Sein und Zeit* (1927) befand der Philosoph: *Die Angst ist diejenige Grundbefindlichkeit, die vor das Nichts stellt … wovor die Angst sich ängstigt, ist das In-der-Welt-Sein selbst. (…) Die Angst offenbart im*

Dasein das Sein zum eigensten Seinkönnen ... Die Angst ist der Schwindel der Freiheit.

Aber ist dies nicht eine zu bittere Bestimmung des Menschen, die ihn als Geschöpf der Angst zur Einzelexistenz verdammt und ihn aus den *gedrückten Stimmungen* heraus definiert? Der Denker Otto Friedrich Bollnow hat in seinem scharfsinnigen Buch *Das Wesen der Stimmungen* (1956) so gefragt. Er setzt der geistigen Untergangsstimmung der Heideggerschen Existenzphilosophie eine Anthropologie der *gehobenen Stimmungen* entgegen. Darunter versteht er den großen Bereich des *Heiter-, Lustig-, Fröhlich-, Glücklich-Seins.* Bollnow*: Gibt es nicht auch ein eigenes Recht der freundlichen Seite des Lebens? Gehören alles Glück und alle Freude schon immer auf die Seite eines bloßen Sich-Verschließens vor der Unheimlichkeit des Daseins?*

Wenn mir Zärtlichkeit verweigert wird, so fühle ich mich vom anderen verworfen. Wenn mir der andere den zärtlichen Blick verweigert, so fühle ich mich ausgeschlossen, ja vielleicht sogar vernichtet. Jean Paul Sartre hat in seinem philosophischen Grundsatzwerk *Das Sein und das Nichts* (1943) den Blick des anderen auf mich als einen nachgerade feindseligen Akt der Kolonialisierung definiert. Wenn mich ein anderer anblickt, so macht er mich nach Sartre zum Objekt. Der kühle, objektivierende, sympathielose Blick wirft mich auf mich selbst zurück, er macht mich zum bloßen Ding. Ich bin nicht mehr Herr in meinem eigenen Universum, sondern nur noch ein verfügbarer *Gegenstand* in der Welt. Dieser *antipathische* Blick reduziert mich unbarmherzig auf eine *Außenseite* von Durchschnittlichkeit und Trivialität. Unter diesem Blick gerinne ich förmlich im Packeissyndrom meiner frostigen Geworfenheit in diese fremde Welt.

Eben hier setzt der Philosoph Lemaire seinen Gegenentwurf einer Philosophie der Zärtlichkeit an. Im *sympathischen* Blick liegt meine

Rettung, mein Himmel, mein Heil, sagt Lemaire. Warum? In den zärtlichen Augen liegen nicht Ablehnung und Kritik, sondern Annahme und Verbundenheit. Sie verheißen Begrüßung, Freude, Dankbarkeit des anderen Ich über das Du. Im zärtlichen Blick finde ich mich positiv erwidert, in meiner Klugheit, Liebheit und Schönheit wahrgenommen, widergespiegelt und willkommen geheißen.

Diesem zurufenden Blick folgt oft die Liebkosung durch die Hand. Sie bildet keine Faust, sondern spreizt sich mir entgegen, um viele Berührungspunkte zu schaffen. Der andere ist voller Andacht für das Nahe und Gegenwärtige. Indem er die Sorge der Arbeit und das Versorgen der Dinge zurücklässt, ist er nunmehr ganz bei mir und gleichzeitig bei sich selbst. Es entsteht eine Zeitinsel um uns beide. Es geschieht etwas ebenso Grandioses wie Erschütterndes: *Meine Liebkosung entdeckt die Verletzbarkeit des anderen, die Wehrlosigkeit seiner Nacktheit; aber sie bestätigt sie auch. Denn das behutsame Streicheln meiner Hand verweilt bei der Zerbrechlichkeit des anderen.*

Die Zerbrechlichkeit des Menschen wird in der Zärtlichkeit erkannt, respektiert und aufgehoben. Die Fragilität, also gerade die Zerbrechlichkeit des Menschen, macht ihn zur Zärtlichkeit fähig und gleichzeitig für die Zartheit empfänglich: *Ich fühle, dass du verletzbar bist, du kannst getrost so bleiben, wie du bist, und ich will sogar, dass du so bleibst, denn ich liebe dich und will dich behüten und beschirmen.*

Mit anderen Worten: Ich bin zärtlich zu dir, *weil* und nicht obwohl du so zerbrechlich bist. Wir alle sind verletzbar und wir sind Sterbliche. Uns alle wird eines Tages der Tod zerbrechen.

Der römische Philosoph Seneca (4 v. Chr. – 65 n. Chr.) hat diese schmerzhafte Endlichkeit und die existenzielle Gefährdung des Menschen mit schonungslosem Realismus charakterisiert: *Was ist der Mensch? Ein Gefäß, das zerbricht, wenn man es nur schüttelt oder rüttelt. Es bedarf keines großen Sturmes, damit du zerspringest … Was ist der Mensch?*

Ein schwacher, hinfälliger Körper, nackt, von Natur aus wehrlos, fremder Hilfe bedürftig, allen Kränkungen des Schicksals ausgeliefert … ein morsches, gebrechliches Wesen, das weinend sein Leben beginnt. Und doch: Was für große Stürme erregt mitunter dieses so verachtete Geschöpf, zu welchen Gedanken schwingt es sich, seine Lage vergessend, auf! Unsterbliches, Ewiges wälzt es in seinem Sinn, entwirft Pläne für Enkel und Urenkel.

(Trostbrief an Marcia)

Über Zärtlichkeit finden wir zur Hingabe an den anderen und zur Zustimmung für sein Dasein. Zärtlichkeit enthält in letzter Konsequenz *Tröstung*. Denn wie viel Kraft kostet es jeden von uns, die Angst *auszuhalten, ein Individuum zu sein* (Sören Kierkegaard). Wer mich streichelt, der nimmt mir ein Stück meiner Angst vor der Einsamkeit und gibt mich damit mir selbst zurück. Das tröstende, beruhigende Streicheln mildert meine Verletzungen, die mir das Leben geschlagen hat. Es hilft mir, mich wieder wohlwollend mit mir selbst zu vereinigen.

Eine Philosophie der Zärtlichkeit setzt nach Lemaire eine Philosophie der Zerbrechlichkeit voraus: *Die verliebte Liebkosung ist zärtlich gestimmt durch die Fragilität des anderen; der zärtliche Trost ist gerührt durch seine faktische Verletztheit, sein Leid. Liebkosungen kommen in zwei Situationen vor: als Zartheit gegenüber dem verletzbaren anderen und als Zartheit gegenüber dem verletzten anderen. Zartheit für die Verletztheit des anderen ist Trost, Zartheit für seine Verletzbarkeit ist die verliebte Zärtlichkeit.*

Die Zärtlichkeit stellt sich dem vergangenen, gegenwärtigen oder zukünftigen *Urkummer* des Menschen. Weil ich als Mensch immer schon ein Mangel am eigenen Leib und an der eigenen Seele erfahre, bin ich ein Leidender und Trostbedürftiger, aber auch ein potenzieller Trostspender: *Die Perspektive, die der Tröster dem, der an seinem Mangel leidet, bieten kann, ist er selbst als Mit-Leidender.* (Lemaire)

Der Mensch ist das Wesen, das an seinem Dasein selbst leidet. Er ist verletzbar und verletzend schlechthin. Mit seiner Zerbrechlichkeit muss er die Unvollkommenheit des Daseins ertragen. Sein Ungeborgensein, sein Vereinsamtsein, seine Unzufriedenheit mit der Unvollkommenheit und Endlichkeit alles Bestehenden. Das In-der-Welt-Sein als unvollkommenes Sein endet folgerichtig mit dem Skandal des Todes. Meine Gegenwart in der Welt ist eine anekdotische und episodenhafte.

So kann Lemaire sagen: *Die Zärtlichkeit … will den anderen mit seinem Mangel, das heißt mit seiner Sterblichkeit versöhnen … aber die Zärtlichkeit will nicht nur die Geliebte mit sich selbst – mit ihrer Endlichkeit versöhnen, sie will auch sich selbst mit dem Tod der Geliebten und mit dem eigenen Tod versöhnen. Weil die Zärtlichkeit in ihrer höchsten Äußerung mit dem möglichen Tod des geliebten anderen in Verbindung steht, ist ihre Freude über seine Liebenswürdigkeit immer schon von innen her vermischt mit dem bitteren Ernst der Verzweiflung.*

Dabei kann die Zärtlichkeit niemals mit der Endlichkeit, das heißt dem Tod, versöhnen. Sie enthält in sich das Ingredienz der Ohnmacht und deshalb ist sie *melancholisch*, besonders im Alter. Sie ist, wie Lemaire so schön formuliert, *der bescheidene Ernst, der sich den inneren Zwiespalt des Lebendigen: zu sterben, aber leben zu wollen, vergegenwärtigt hat. Deshalb ist sie melancholisch, denn die Melancholie ist das zarte und zärtliche Bewusstsein der Unvollkommenheit alles Bestehenden.* In der Jugend vermögen wir meist diese Melancholie der Zärtlichkeit nicht zu spüren, weil uns das Leben noch von unendlicher Dauer erscheint.

Zärtlichkeit, selbst im Schatten des Todes, habe ich in einem ergreifenden Bericht meines paartherapeutischen Lehrers Hans Jellouschek gefunden. Es handelt von den sechzehn Jahren mit seiner krebskranken wundervollen Frau und Kollegin Margarete Kohaus-Jellouschek bis zu ihrem Tod. In seinem Buch *Bis zuletzt die Liebe. Als Paar im Schatten einer tödlichen Krankheit* (Herder-Verlag) schreibt der bekannte Therapeut klar, scharf reflektierend und darum umso erschütternder über die Zärtlichkeiten zwischen ihm und seiner todgeweihten Liebsten:

Mit dem Fortschritt der Krankheit waren wir immer existenzieller mit der Frage um Leben und Tod konfrontiert. Vielleicht ließ das andere Themen, wie auch das der Sexualität, nicht mehr so wichtig erscheinen. Demgegenüber bekam zärtlicher Körperkontakt im alltäglichen Miteinander die viel zentralere Bedeutung. Unsere Zärtlichkeit wandelte sich außerdem in dieser Zeit: Margaretes kraftvolle Vitalität hatte mir früher zuweilen auch Angst gemacht, ich ließ mich durch sie in meinen Zuneigungsbeziehungen hemmen und in die passive Rolle drängen. Nun aber spielte sich zwischen uns etwas Neues ein: Sie suchte oft bei mir Halt, und ich spürte immer öfter, ihr das auch geben und sie wirklich auch halten zu können. Dies schuf zwischen uns eine neue Form von Intimität, die wir früher oft gesucht, aber selten miteinander gefunden hatten (…).

Der Krebs hat uns herausgefordert zu einer Auseinandersetzung mit dem Leben, die uns bereichert und in eine Tiefe der Liebe geführt hat, die wir sonst nicht erreicht hätten.

Hans Jellouschek verdanke ich auch ein Gedicht der Lyrikerin Hilde Domin, das diese Zärtlichkeit als Versöhnung mit der Sterblichkeit in schwebenden Worten nüchterner Poesie umkreist:

Zärtliche Nacht

Es kommt die Nacht
Da liebst du

Nicht was schön –
Was hässlich ist.

Nicht was steigt –
Was schon fallen muss

Nicht wo du helfen kannst –
Wo du hilflos bist.

Es ist eine zärtliche Nacht
Die Nacht da du liebst

Was Liebe
Nicht retten kann.

Die Zärtlichkeit respektiert die Distanz zwischen uns Liebenden. Sie ist das Bewusstsein, dass der geliebte Mensch immer auch der Fremdling bleibt. Selbst da, wo wir gegenseitig unsere Haut berühren, wissen wir doch um den Abstand zwischen uns, die Melancholie der Individuation, die unaufhebbare Differenz zum anderen. Lemaire: *Aber die Zärtlichkeit, die Liebe, versucht diesen Abstand nicht zunichte zu machen; sie ist gerade das Bewusstsein von der menschlichen Vereinzelung, sie nimmt diese Vereinzelung der Wesen, das heißt ihre unendliche Einsamkeit, auf sich. Die Zärtlichkeit nimmt es auf sich, den Abstand, der das eine Dasein vom anderen trennt, diese Einsamkeit dieses anderen, dieses Leiden am Leben, dieses anderen Leidens, zu ertragen und durch ein gemeinsames Ertragen zu trösten. … Die Unerschöpflichkeit des geliebten Menschen, die Unzulänglichkeit der liebkosenden Hand, die Ohnmacht der Zärtlichkeit, ist das eigentliche Drama der Rivalität, der Einsamkeit aller Menschen.*

Während die „dionysische" *Leidenschaft* die Distanz zwischen Leibern und Seelen auslöschen möchte, das Anderssein des anderen aufheben und in der Ekstase der Vereinigung die Identität erzwingen will, ist die „apollonische" *Zärtlichkeit* das Erleben und Bejahen des geliebten Menschen in seiner nie gänzlich zu erfassenden Fremdheit und Todesverwiesenheit. So ist Zartheit, auch zu Tieren und Pflanzen, immer auch Mitleid mit der transitorischen, vorübergehenden Existenz alles Lebenden. Im Streicheln eines älter gewordenen, von den Signaturen der Zeitlichkeit geprägten Körpers spüre ich bangend die Vergänglichkeit des anderen und versöhne ihn und mich zugleich mit dem Leben und dem Tod.

Zärtlichkeit, sagt Lemaire, ist die *via comtemplativa der Liebe,* der melancholisch-betrachtende Weg. Dagegen will die Leidenschaft von Ohnmacht, Unerreichbarkeit und Sterblichkeit des anderen nichts wissen: *Sie ist nicht so sehr zärtlich gestimmt durch die wesentliche Fragilität des geliebten Menschen, als vielmehr ergriffen von der unerschöpflichen Macht des Lebensstroms und entzückt durch die Aussicht, sich von sich selbst zu erlösen, indem sie den anderen von seiner Vereinzelung erlöst.* Ja, die Leidenschaft siegt in einem gewissen Sinn sogar über den Tod, indem sie in der Ekstase des Liebesakts neues Leben schafft.

In der Zärtlichkeit sind wir Menschen uns unentbehrliche Weggefährten als die *Mängelwesen* (Arnold Gehlen), die wir sind. Günther Anders hat uns auf diese tragisch-schöpferische Komponente des Wesens Mensch, dem Anthropologen Gehlen folgend, aufmerksam gemacht.

Der Mensch ist, im Gegensatz zum Tier, noch Jahre nach der Geburt nicht allein überlebensfähig. Ohne die Fürsorge der Eltern würde selbst ein fünfjähriges Kind sterben. Der Mensch ist ein „zu früh geborenes" Mängelwesen, das deswegen mit anderen Menschen zusammen geniale Überlebenstechniken – das heißt *Kultur* – entwickeln muss. Gegenüber dem Tier grenzen wir uns darüber hinaus durch unsere *Pelzlosigkeit* ab. Wir sind sozusagen Glatzköpfe am ganzen Leibe. Fast alle höheren Lebewesen besitzen eine schuppige, fedrige oder haarige Außenseite, die sie scharf konturiert und vor der Welt schützt. Wir sind nackter als die Tiere.

Adam und Eva erkannten bestürzt, dass sie nackt waren. Anders: *Diese Nacktheit exponiert uns nun und macht uns zu äußerst sensiblen und „zarten" Geschöpfen. Diese „Zartheit", verbunden mit unserer Freihändigkeit, gibt uns die Chance gegenseitiger Zugänglichkeit und Zärtlichkeit, die wieder ein menschliches Monopol ist. Was liebende Menschen einander Gutes antun können, an Freude, Erregung und Besänftigung, unterscheidet sich von allen tierischen Möglichkeiten so grundsätzlich, dass man nur wiederholen kann: Als „animal amans"* („liebesfähiges Tier" – M. J.) *ragt der Mensch ebenso über die Tierwelt hinaus wie als „animal rationale"* („denkbegabtes Tier" – M. J.).

Was wären wir ohne Zärtlichkeit? Der pessimistische Philosoph Arthur Schopenhauer (1788 – 1860), der selbst für eine Haltung des Mitleids gegenüber Mensch und Kreatur eintrat, betont die unvermeidlich dunklen Seiten des Lebens: Einsamkeit, Alter, Krankheit, Verlust, Sinnlosigkeit und Tod: *In früher Jugend, wenn wir über unser kommendes Leben nachsinnen, sind wir wie Kinder in einem Theater, bevor sich der Vorgang hebt; hochgestimmt sitzen wir da und warten begierig darauf, dass das Stück beginnt. Es ist ein Segen, dass wir nicht wissen, was tatsächlich geschehen wird. Könnten wir es voraussehen, kämen uns Kinder vielleicht wie Gefangene vor, verurteilt nicht zum Tode, sondern zum Leben, nicht ahnend, was ihr Urteil bedeutet.*

Gegen die Tragödien des Daseins sind wir grundsätzlich nicht gefeit. Wir sind suchende Kreaturen in einer Welt, der von sich aus kein Sinn innewohnt. Gibt es etwas anderes als die Liebe, die in diesem Nihilismus des Seins eine private und öffentliche Ethik fundieren könnte? Der Hamburger Paartherapeut Michael Cöllen und ich haben den Versuch einer solchen unmetaphysischen Grundlegung der Sitten in unserem Buch *Liebe in Zeiten der Unverbindlichkeit* (Kreuz-Verlag) unternommen. Die Zärtlichkeit entpuppt sich derart nicht allein als eine intime Artikulation des Menschlichen, sondern als Fundament einer neuen Ethik jenseits der Glaubenssysteme und Ideologien: *Liebesfähigkeit als Friedensfähigkeit.*

Die Angst über die Brüchigkeit des Daseins in einem gleichgültigen Kosmos ist das Signum der Moderne. Aber was könnten wir dieser kosmischen Vereinsamung und dem *Todestrieb* (Freud) sonst entgegensetzen, wenn nicht die kulturstiftende Kraft der Liebe, im privaten wie im globalen Maßstab? So vergänglich die Umarmungen der Liebenden sind, so wegweisend sind sie auch.

Lemaire: *Die irdische Transzendenz der Erotik … wird fortan der große Trost der Menschenart sein. … Das Organ der Zärtlichkeit ist das Mitleiden mit den Menschen, und die Zärtlichkeit ist die Haltung, in der sie geschont werden. Alle wahre Liebe ist ihrem Wesen nach Mitleid mit dem anderen: Darum wissen, dass der andere genau wie wir selbst, ein unglückliches Bewusstsein ist, das in seinem Dasein leidet … Das sanftmütige Mitleid kommt zu sich selbst in einer Philosophie des Mitleids. Das Mitleid kehrt nach dem Umweg über die Philosophie zu seinem Ursprung zurück: der*

Einsamkeit und Sterblichkeit der Menschen, der Verletzbarkeit der Tiere, der Zartheit der Pflanzen, der Zerbrechlichkeit der Dinge.

Die Versöhnung mit dieser wieder irdisch gewordenen Erde und die relative Erlösung des immanenten Mangels werden nicht länger von einem Gott garantiert, sondern lassen sich nur in der leidenschaftlichen Umarmung finden.

Überall, wo Menschen, auch in der gleichgeschlechtlichen Liebe, Zeit für Zärtlichkeit finden, werden sie stärker dazu fähig sein, die Verletzbarkeit des Menschen und unseres schönen, blauen Planeten respektieren.

Premiere

Vielleicht ist es gar nicht richtig, dass die Seele im Individuum wie in einer Kapsel eingeschlossen ist? … Dann ist das Wir das Primäre, innerhalb dessen sich das Ich entwickelt, das aber nie anders existieren kann als in der Gegenseitigkeit. Hilfsbedürftigkeit und Hilfsbereitschaft sind im Lebenslauf des Einzelnen und im Zusammenleben die entscheidenden Bindungskräfte, die erst Gemeinschaft miteinander und mit der Natur möglich machen.

Horst-Eberhard Richter,
Das Ende der Egomanie

Zartheit und Zerbrechlichkeit lösen, so sahen wir, Zärtlichkeit aus. Herta fasst dieses Erlebnis der Zärtlichkeit als Mitleid mit dem Mängelwesen Mensch in drei Episoden knapp zusammen: *Als ich mein Kind zum ersten Mal im Arm hatte, überkam mich eine wonnige Welle der Zärtlichkeit. Als mein Sohn verletzt und blutend auf der Straße lag, legte ein Freund ganz zart seinen Arm um mich und kniete sich neben mich und löste trotz meiner Angst um meinen Sohn Dankbarkeits- und Freundschaftsgefühle aus. Als mein Mann und ich mitten in einer großen Versammlung saßen und ich unkontrolliertes Herzrasen bekam, legte mein Mann seine Hand auf meine, und es ging mir damit viel besser.*

Eine Schreiberin sandte mir die sehr persönlich gehaltene Todesanzeige einer Frau namens Sisi an ihren „jüngeren" Zwillingsbruder Johannes. Da ist in ergreifender Weise die Rede von Zerbrechlichkeit und zärtlich-geschwisterlichem Zusammenhalt. *Liebster Johannes,* heißt es da, *als unser Leben begann, nahm ich deine Hand und ging dir voraus, auf einem Weg durch dunkelste Tiefen, aber auch in ungeahnte Höhen größten Glücks. Manchmal verirrten wir uns, doch wir hatten immer einander. Die Menschen liebten dich, und die dir Unrecht zufügten, konnten deinen Willen nicht brechen. Stark und mutig hast du unmenschliches Leiden ertragen, selbst im Angesicht des Todes nicht geklagt. So manche erbitterte Schlacht haben wir an dieser gnadenlosen Front geschlagen, und immer wieder gelang uns dein Überleben. Diesmal war der Gegner stärker, und du hast meine Hand losgelassen. Ich bleibe zurück, und der Schmerz darüber zerreißt mein Herz. Doch ich gönne dir den Frieden, den du im Leben nicht finden konntest, und danke unserem Gott, dass ich dich dahin begleiten durfte und er dich in meinen Armen einschlafen ließ. So gehe ich nun meinen Weg, bis meine Zeit gekommen ist und wir uns wiederfinden.*
Ich liebe dich, deine Zwillingsschwester Sisi.

Der Mensch ist nicht, wie der Psychoanalytiker Horst-Eberhard Richter im Vorspruch dieses Kapitels andeutet, wie eine Monade in die Kapsel seiner Individualität verbannt. Er ist kein *homo clausus*, er ist kein in sich verschlossenes Wesen. Er bedarf des anderen und der Zwiesprache aus Bedürftigkeit. Inge nennt die Zärtlichkeit einen einzigartigen *Hoffnungsträger.* Sie schreibt mir: *Zärtlichkeit ist ein Allroundmittel, überall einsetzbar, sie verleiht ein positives Denken. Weißt du, bei Krankheit müsste der Arzt Zärtlichkeit mitverordnen. Sie macht weich, offen, sie löst den Stau. Alles kann wieder fließen.*

Der Mensch ist zeitlebens auf Bindung angewiesen. Weil der Mensch zerbrechlich ist, muss er sich anlehnen. Der Mensch ist kein Egozentriker. Er steht nicht für sich allein, er ist kein völlig souveränes Individuum mit einem hermetisch abgeschlossenen seelischen Apparat und imperialer Fähigkeit zur Weltbeherrschung. Der Soziologe Norbert Elias formulierte in seinem weltberühmten Grundsatzwerk *Über den Prozess der Zivilisation* 1939 ein soziales Menschenbild: *An die Stelle des Bildes vom Menschen als einer geschlossenen Persönlichkeit … tritt das Bild des Menschen als einer „offenen Persönlichkeit", die im Verhältnis zu anderen Menschen einen höheren oder geringeren Grad von relativer Autonomie, aber niemals absolute oder totale Autonomie besitzt, die auf andere Menschen ausgerichtet und angewiesen ist. Das Geflecht der Angewiesenheiten der Menschen aufeinander, ihre Interdependenz* (gegenseitige Abhängigkeit – M. J.) *sind das, was sie aneinander bindet.*

In welcher Situation erlebten wir uns stärker als *offene Persönlichkeit* als in der *Premiere* der ersten Liebe, besonders, wenn wir vorher einsam vor uns hin stagnierten. Die heute siebzehnjährige Vanessa, von der wir bereits hörten, hat beides erlebt: *Zwischen meinem vierzehnten und sechzehnten Lebensjahr war eine Zeit, in der mein Wunsch nach Bindung und Umarmung besonders groß war, da ich eben keine Zärtlichkeit erfuhr.*

Es hat mit mir gemacht, dass ich traurig, aggressiv, kratzbürstig, fies, melancholisch und depressiv war. Es ist ein Gefühl des Dahinvegetierens, des Verdurstens, und irgendetwas schreit in einem. Man weiß nicht, wie lange das noch zum Aushalten ist. Man denkt, dass man irgendwann explodiert vor lauter Sehnsucht nach Zärtlichkeit und vor lauter angestauter Zärtlichkeit, die man nicht geben kann.

Dann vollzog sich, wie die warme Frühlingssonne, die Premiere der ersten Liebe. Und alle Winterkälte nahm in diesem Seelenfrühling der Gefühle ein Ende. Vanessa: *Ich war bei einem Bekannten zu Besuch, der etwa doppelt so alt ist wie ich. Eine Freundin rief mich dort an. Während des Telefonierens spürte ich auf einmal, wie er hinter mir stand und sich leicht an mich drückte. Er legte seine Arme um mich, seine Hände ruhten warm unter meinem Trägerhemd auf meinem Bauch. Ich konnte seinen warmen Atem im Nacken spüren. Es fiel mir immer schwerer, mich auf das Telefonat zu konzentrieren. So blieb er eine für mich endlose Zeit lang und küsste mich schließlich auf den Hals. Mich durchströmte ein herrliches Gefühl des Geliebtseins, der Wärme und Geborgenheit. Diesen eigentlich recht kurzen Moment werde ich nie vergessen.*

Oft ist die Zärtlichkeitspremiere auch eine Kinderaufführung. Das Herzklopfen ist ebenso gewaltig. Maria erfuhr das zärtliche Ergriffensein schon als kleines Mädchen in der ersten Klasse: *Ich war in einen Buben verknallt, der mit der linken Hand schrieb. Er tat mir leid, weil er sich so schwer bemühte, schreiben zu lernen. Aber wenn er auf dem Fußballplatz den Ball gekonnt schoss, hüpfte mein Herz immer hoch. Wir gingen in dieselbe Schule und in denselben Hort. Beim Hausaufgabenmachen setzte ich mich immer zu ihm. Wenn ich mit ihm zusammen war, war ich glücklich.*

Der französische Dichter Paul Valéry (1871 – 1945) beschreibt die produktive Qualität der Zärtlichkeit in der Liebe. Sie spornt uns an, verleiht uns ungewohnte Kräfte und Inspirationen. Wir lernen plötzlich wie im Flug vom anderen, und wir beflügeln ihn zu Höchstleistungen. *Glückliche Liebe versammelt unsere ganze Kraft. Sie schafft den Überfluss, den Inbegriff aller Güter, und die Notwendigkeit zu den allerschönsten Werken. Sie kommen ungezwungen, leicht. Der glücklich Liebende ist reich. Er ist Milliardär, physiologisch und psychologisch … Vielleicht liegt die Erfüllung erwiderter Liebe in der Leidenschaft, sich gegenseitig zu verwandeln, zum Verschönern, in einem Vorgang, vergleichbar einem künstlerischen Akt.*

Diesen schöpferischen Furor der Zärtlichkeit in der Kinder- wie in der Erwachsenenliebe beschreibt Irene voller Lebendigkeit: *Meine erste große Kinderliebe hieß Rolf. Er wohnte mit seiner Mutter und seinem älteren Bruder im ersten Stock unseres Hauses. Wir waren beide etwa fünf Jahre alt und mochten uns auf Anhieb. Jede freie Zeit verbrachten wir miteinander. Ich bewunderte ihn maßlos. Er hatte braune Augen, braune Haare, sonnengebräunte Haut, war kräftig und fröhlich. Er weihte mich in seine Geheimnisse ein – zum Beispiel hielt er in seinem Zimmer weiße Mäuse. Seine Mutter durfte es nicht wissen – aber ich!!! Ab und zu stahl Rolf beim Nachbarn aus dem Hühnerstall ein Ei und schlürfte es genüsslich aus. Er verlangte, ich solle es auch tun, um genauso groß und stark wie er zu werden. Aber so weit reichte meine Liebe zu ihm wohl doch nicht. Vor diesem Glibber ekelte ich mich sehr. Ich war klein und zart und himmelte ihn an. Er lehrte mich Radfahren, nahm mich mit, wenn er mit anderen Jungen zum Spielen verabredet war – Schnitzeljagd, Verstecken, Räuber und Gendarm, Himmel und Hölle. Überall waren wir zusammen. Er verteidigte mich wie ein Löwe, wenn seine Freunde über meine Anwesenheit meckerten. Weil er stark und kräftig war, muckte dann keiner mehr gegen ihn auf. Alles, was ich besaß, teilte ich mit ihm. Das war zwar wenig, aber eben doch alles.*

Die Kinderliebe zu Rolf währte etwa sechs Jahre. Dann verloren sich Irene und Rolf aus den Augen. Jahre später ereilte sie wie ein Frühlingshauch eine Teenagerliebe. Sie blieb zwar ohne Erfüllung, aber sie ließ das Mädchen seine eigene Schönheit und weibliche Identität entdecken. Hören wir Irene: *Mit etwa sechzehn Jahren verliebte ich mich unsterblich. Ich durfte zum ersten Mal zu einer Karnevalsveranstaltung. Zum ersten Mal verkleidet. Zum ersten Mal geschminkt. Zum ersten Mal fand ich mich recht gut aussehend. Mein Vater, rückwirkend betrachtet, vielleicht auch, denn er schimpfte und tobte, dass ich von der Mutter die Erlaubnis dazu bekommen hatte. Es war so schlimm, dass sie drauf und dran war, mich nicht gehen zu lassen. Ich musste meinem Vater hoch und heilig versprechen, auf mich aufzupassen. Tatsächlich forderte mich jemand zum Tanzen auf. Ich war von Stund an in diesen Jungen verliebt – über lange schmerzliche Monate. Denn ich wusste nicht, wie er hieß und wo er wohnte. Manchmal traf ich ihn in der Stadt, und wir begrüßten uns verlegen. Mein Herz schlug mir bis zum Hals. Von der Schule ging ich seinetwegen auf einem Riesenumweg nach Hause, um ihn eventuell doch zu Gesicht zu bekommen, weil ich ihn in einer bestimmten Straße mehrmals gesehen hatte. Es war die totale platonisch-fantasiereiche Hingabe.*

Irene heiratete, bekam ein Kind, wurde Witwe. Im vorgerückten Alter erlebte sie erneut die belebende und identitätsstiftende Kraft der Zärtlichkeit. Diese letzte Premiere warf sie seelisch fast um: *Es ging mir nicht gut, als ich meinen zweiten Mann kennenlernte. Ich war mit einer Urlaubsgruppe unterwegs. Ich verkroch mich in meinen Liegestuhl am Swimmingpool. Und da sitzt plötzlich dieser gut aussehende Mensch neben mir und sagt: „Du hast eine schöne braune Haut und eine schöne schlanke Figur." Ich war tief berührt und kämpfte mit den Tränen. Bis dahin galt ich bei allen immer als tüchtig, fleißig, zuverlässig. Aber sonst gab es mich eigentlich nicht. Nun spricht dieser Jemand etwas an, was ich an mir selbst nie so recht wahrgenommen hatte, beziehungsweise nicht wahrnehmen konnte! Ja, und dann begann die schönste Liebesgeschichte meines Lebens.*

Die erste Zuwendung zum anderen Geschlecht – manchmal auch zum eigenen, ist ein Abenteuer. Sie schließt mein Herz, meine Seele und meinen Mund auf. Besonders den verschlossenen Mund. Ich selbst habe das ebenso wörtlich wie zärtlich erlebt. Ich kam mit achtzehn Jahren, also im bereits fortgeschrittenen Alter, erotisch völlig unerfahren vom Jesuitenkolleg in meine Heimatstadt am Bodensee zurück. Natürlich brannte ich vor Sehnsucht nach einem Mädchen. Ich konnte mir allerdings nicht vorstellen, dass sich ein so himmlisches Wesen meiner erbarmen würde. Ich war ein wandelnder Minderwertigkeitskomplex. Von Ferne schmachtete ich alles an, was Röcke trug. Dann stieß ich auf Ulrike. Sie war ein bildhübsches Mädchen und besuchte die Parallelklasse meines humanistischen Gymnasiums. Hingebungsvoll spielte sie Beethovens Mondscheinsonate im Kerzenschein. Ich durfte ihr zuhören und bewunderte ihre rabenschwarzen Haare, ihre blitzenden schwarzen Kirschenaugen. Ich warb um sie. Ulrike hatte einen etwas älteren, bereits berufstätigen Freund. Die Konkurrenz war, wie sich am Ende erwies, letztlich nicht zu schlagen. Und doch, eines Nachts, nach der katholischen Weihnachtschristmette im Dom, war es so weit …

Wir standen am Wasser des Sees im bergenden Schilf unter eiskaltem Sternenhimmel. Wir waren tief vermummt in unseren Wintermänteln und Pudelmützen und sahen wohl aus wie Berliner Trümmerfrauen. Da wagte ich es endlich. Ich legte meine Arme um Ulrike, zog ihren Kopf an mich heran und küsste sie. Das heißt, um es genauer zu beschreiben, ich drückte nach Kinderart meine Lippen auf ihre Lippen. Nach einiger Zeit spürte ich, dass irgendetwas nicht stimmte. Ulrike drängte und streckte ihre Zunge heraus. „Warum das denn?“ fragte ich mich. Ulrike werkelte und werkelte an mir. Endlich fand sie den erlösenden, ebenso badischen wie befreienden Satz: *Mensch, Kerle, mach doch´s Maul auf!*

So ist die Zärtlichkeit eine unserer großen Lehrmeisterinnen, weil sie Respekt, Wohlwollen und Zuneigung als Stimulanzien enthält. Michael, ein katholischer Expriester, analysiert diesen Sieg der Zärtlichkeit über die dogmatische Erstarrung mit einer Wucht, die mich beim Lesen erschüttert: *Ich bin das Kind einer frommen Kriegerwitwe. Die Kirche bedeutete meiner Mutter alles. Sie kam offensichtlich über den Tod ihres Mannes nur hinweg, indem sie ihr Leben dem „Bräutigam Jesus" widmete. Sie versah in unserer Pfarrei eine Art Küsterdienst. Sie ging jeden Morgen in die Frühmesse und am Sonntag in das Hochamt. Der Marienmonat Mai war für sie der Höhepunkt des Jahres. Da errichtete sie in ihrem Schlafzimmer einen Marienaltar und schmückte ihn fast täglich mit neuen Blumen. Meine Mutter war von dem Gedanken der „Reinheit" besessen. Immer wieder schärfte sie mir ein, dass ich mich nicht, wie andere Jungen, „Schweinereien" hingebe. Ich sollte mich Gott weihen. Ich durfte keinen Tanzkurs besuchen, keine Freundin haben. Ich war ein schrecklich braver Junge. Ich schlief im Ehebett der Mutter an Vaters Stelle. Ich beichtete jede „Selbstbefriedigung". Ich war scheu und ein Einzelgänger. Früh wurde ich Ministrant und adoptierte den Pfarrer als eine Art Ersatzvater. Dieser nahm mich denn auch wie einen geistigen Ziehsohn an und bewog mich zum Theologiestudium. „Eine höhere Berufung für einen Mann kann es nicht geben", erklärte er.*

Es kam, wie es kommen musste. Michael sublimierte Eros und Lebensfreude, indem er sich zu einem außerordentlich gebildeten, allerdings auch „vergeistigten" Theologen entwickelte. Persönlich vereinsamt und unnahbar, stürzte er sich auf die Welt des Geistigen und den Weg der Karriere. Er machte einen zweifachen Doktor in Theologie und in Philosophie und wurde mit fünfunddreißig Jahren Leiter eines kirchlichen Seminars: *Da war ich nun in dieser Position und konnte mir ausrechnen, auf der Berufungsleiter noch weiter zu steigen. Wenn ich predigte, war die Kirche voll, meine Vorträge waren gefragt. Mit theologi-*

schen Fachaufsätzen und religiösen Ratgebern erschrieb ich mir einen beachtlichen Bekanntheitsgrad in jungen Jahren. Und doch fühlte ich mich unermesslich allein. Vor allem die Abende fanden mich einsam in meinem Studierzimmer. Nach außen war ich der Karrieretheologe. Ich las und las – und trank Rotwein, jeden Abend und in steigendem Maß. Im Alkohol fand ich Vergessen. Ich sehnte mich nach einem Menschen, nach Berührung, Reden, Zärtlichkeit. Ich war immer nur für andere da. Wer liebte mich? Wer sorgte sich um mich? Wer gab mir etwas? Mein Problem schien unlösbar. Wie hätte ich mich erlösen können? Verstieß doch meine Sehnsucht gegen den Zölibat. Ich sehnte mich nach einer Partnerin.

Michael war verzweifelt, er dachte an Suizid. Die nötige Anzahl von Schlafmitteln hatte er bereits gehortet. Das machte ihm andererseits schwere Skrupel, weil Rom damals noch die Selbsttötung als Todsünde verurteilte. Da begegnete Michael am Rande eines Vortrages Ricarda. Die vierzigjährige Lehrerin schaute ihn mit großen Augen stumm an. Das war es. Es geschah das, was die russische Lyrikerin Marina Zwetajewa in einem Aphorismus so beschreibt: *Der erste Liebesblick ist jene kürzeste Entfernung zwischen zwei Punkten, jene göttliche Gerade, wie es keine zweite gibt.*

Michael und Ricarda verliebten sich in diesem Augenblick sofort und unumstößlich. Es ging alles ganz einfach, mit Urgewalt. Noch am gleichen Abend spazierten sie drei Stunden lang bis nach Mitternacht miteinander. Michael: *Ich weiß nicht, was über mich kam. Ich gestand dieser wildfremden Frau, die ich noch nie zuvor gesehen hatte, meine Verlorenheit und brennende Sehnsucht, meine Todeswünsche und meine nicht gelebten Gefühle. Sie verstand alles, auch meinen ungeheuerlichen Durst nach Sexualität. Ricarda selbst fühlte sich nach einer lieblosen Ehe „ausgebrannt wie eine Wüste", wie sie sagte. Wir schliefen noch in dieser Nacht miteinander, und ich habe nach dem Orgasmus lange geweint, vor Erschütterung und Schmerz über all meine nicht gelebten Jahre. Ich kann es heute noch nicht fassen, wie schnell Ricardas Zärtlichkeit meine Neugeburt provozierte. Drei Monate später hatte ich den Kirchendienst verlassen, arbeitete als Lektor in einem Verlag, heiratete Ricarda, die mir ein Jahr darauf unser erstes Kind schenkte. Jetzt sind wir siebenundzwanzig Jahre verheiratet, die beiden Kinder sind bereits außer Haus und berufstätig, und unsere Liebe ist tief wie in dieser ersten Nacht. Ricarda verdanke ich mein Leben.*

Die Zärtlichkeit der Liebe als Premiere eines neuen Lebens – Marina Zwetajewa findet wunderschöne Worte für dieses Phänomen: *Lieben – einen Menschen so sehen, wie Gott ihn gemeint hat und die Eltern ihn nicht haben werden lassen.*

Eros

Ich liebe jene ersten bangen Zärtlichkeiten,
die halb noch Fragen sind und halb schon Anvertrauen,
weil hinter ihnen schon die wilden Stunden schreiten,
die sich wie Pfeiler wuchtend in das Leben bauen.

Ein Duft sind sie, des Blutes flüchtigste Berührung,
ein rascher Blick, ein Lächeln, eine leise Hand.
Sie knistern schon wie rote Funken der Verführung
und stürzen Feuergarben in der Nächte Brand.

Und sind doch seltsam süß, weil sie im Spiel gegeben,
noch sanft und absichtslos und leise nur verwirrt,
wie Bäume, die dem Frühlingswind entgegen beben,
der sie in seiner harten Faust zerbrechen wird.

Stefan Zweig

850 v. Chr. begann der Dichter und Denker Hesiod seine *Theogonie*, die Lehre der göttlichen Weltentstehung, mit den Worten: *Am Anfang aller Dinge war das Chaos, als Nächstes erschien die vollbusige ewige Gaia* (Erdgöttin – M. J.) *und danach Eros, der Schönste aller Unsterblichen.* Nach Hesiod ist der Gott der Liebe einer der Weltschöpfer, eine Himmelsmacht, die Menschen wie Götter um den Verstand bringt! Erst die Römer verniedlichten den kosmischen *Eros* zum verspielten *Amor*, einer Art geflügelten Lausbuben, der mit seinen Liebespfeilen allerhand erotische Allotria verursacht.

In Wahrheit macht uns Eros durchaus auch Angst. Deshalb platzieren wir die Erotik oft in allzu braver Form als „Kuschelsex“ in unseren Ehebetten, fragen uns aber gleichzeitig ratlos, warum der Beziehung jeglicher Pfeffer fehlt. Der von Hesiod beschworene Eros ist dagegen kosmisch zeugend und von *lustvoller Aggression*, unberechenbar, wie ein Sturzbach mitreißend und verschlingend. Die griechische Dichterin Sappho (um 650 v. Chr.) schrieb an Agallis, das betörende Objekt ihrer Sinne, mit bebender, verstörter, verliebter Seele das folgende Gedicht:

Mir aber schreckt es das Herz im
Busen; denn wenn ich nur flüchtig
blicke zu dir hinüber, dann
bricht mir die Stimme.

Lahm ist die Zunge und ein
feines Feuer rinnt über die
Haut, nichts mehr vermag das
Auge zu sehen.

Dröhnen ist in den Ohren,
und der
Schweiß rinnt herab, Zittern befällt den Leib;
ich bin bleicher als Gras, dem Tod nah,
schein ich, Agallis.

Man kann es fast als ein Axiom, also eine Grundvoraussetzung, formulieren: Wo die Zärtlichkeit fehlt, mangelt es auch an der Sexualität. Zärtlichkeit ist, wenn wir einmal von heftigen, spontanen Begegnungen im Fleische absehen, die Grundlage eines guten Eros. Mit wie viel sexueller Unzufriedenheit bin ich in den Einzel- und Paartherapien täglich konfrontiert. Dem *STERN* (11/2002) habe ich ein kritisches Zahlentableau über Sex entnommen: Mehr als jede fünfte Frau hat den ersten Orgasmus erst jenseits der vierzig erlebt – fast immer ohne Beihilfe eines Mannes. Fast jeder zweite Deutsche, egal ob Mann oder Frau, ist mit seinem Sexualleben unzufrieden. Das Vorspiel empfinden neunundsiebzig Prozent der Männer als notwendiges Übel – sie nehmen sich dafür im Schnitt gerade einmal sechs Minuten Zeit! Einundvierzig Prozent der Frauen denken beim Sex an den Mann, mit dem sie gerade schlafen, vierundzwanzig Prozent stellen sich einen Prominenten vor. Einundneunzig Prozent der Frauen sagen, sie würden niemals mit einem Mann ins Bett gehen, der nicht zuhören kann.

Nur wenn wir uns Zeit für Zärtlichkeit nehmen, eröffnet sich uns auch der Eros. *Der Beischlaf am Abend beginnt mit dem Kuss am Morgen,* sagte eine Frau in einem meiner Seminare. In jedem von uns ist darüber hinaus ein Verlangen, unsere Grenzen zu sprengen und uns in einem anderen widerzuspiegeln. Der Psychoanalytiker Fritz Riemann schreibt in seinem schönen Buch *Die Fähigkeit zu lieben* über diese grenzüberschreitende

Sehnsucht des Menschen: *So ist das Gemeinsame bei allen Formen des Liebens offensichtlich eine gewisse Selbstentäußerung, ein grenzüberschreitendes Transzendieren, das wohl letztlich aus der Sehnsucht stammt, die Schranke zwischen uns und einem Du zu überwinden oder wenigstens vorübergehend aufzuheben. Vielleicht haben wir damit die tiefste Wurzel alles Liebenwollens verstanden: die Sehnsucht, die einengenden Grenzen unserer Ichhaftigkeit, unserer Ichbezogenheit zu überschreiten und durchlässig zu werden für etwas außer uns selbst, dem wir uns liebend zuwenden.*

Welches Wunder liegt in dieser zärtlichen Grenzüberschreitung des Eros begründet! Albert erinnert sich daran, wie er mit achtzehn Jahren die Zärtlichkeit als Auftakt für ein erotisches Erlebnis erfuhr: *Meine erste Freundin war noch fünfzehn. Wir hatten beschlossen, erst miteinander zu schlafen, wenn sie sechzehn wäre. Das bedeutete, wir hatten sechs Wochen Zeit vor uns, um uns kennen zu lernen. Unerfahren und doch unendlich gefühlvoll ohne Zwang und Forderung entdeckten wir gegenseitig das jeweilig andere Geschlecht. Es war eine herrliche Zeit mit Küssen und Streicheln. Das war aufregend und anregend. Die anfängliche „Gürtelliniengrenze“ war dann auch schnell gefallen. Das besondere Erlebnis dieser Zeit: Es war ein Sonntagnachmittag. Wir waren allein auf meinem Zimmer. Das Küssen und Streicheln wurde immer intensiver und erregender für beide … wir steigerten uns in eine Stimmung, in der die Außenwelt für uns nicht mehr existent war. Wir berührten uns auch in der Schamgegend, gegenseitig, ohne jedoch die Hosen zu öffnen. Das Streicheln und Küssen führte, wie von Mutter Natur gewollt, zum Höhepunkt. Eine Welle der Erregung durchlief meinen Körper, gefolgt von einem Zucken und Aufprallen, Zitterwellen erfassten mich. Es war mein erster Erguss durch eine Frau, ohne mich entkleidet zu haben.*

Der zärtliche Eros ist, so scheint es, eine kurzfristige Rückkehr in jenes Paradies mütterlich-naturaler Geborgenheit, aus der wir durch den Sündenfall des Erwachsenwerdens vertrieben wurden. Wie schön, dass es dieses Paradies in diesen Glücksmomenten noch gibt. Und wie schlimm, dass eine Amtskirche mit ihrer zweitausendjährigen Sexualneurose uns den Eintritt in dieses Paradies gewaltsam zu verbieten versucht! Nietzsche konstatierte (in: *Jenseits von Gut und Böse*): *Das Christentum gab dem Eros Gift zu trinken, er starb zwar nicht daran, aber entartete zum Laster.* So schlagen wir uns heute noch mit dem Konflikt herum, das Kühne und Wilde in der Sexualität als „pervers“ zu empfinden und erst mühsam oder mit Schuldgefühlen das unermessliche Feld der Lust zu entdecken.

Zärtlichkeit hat manchmal auch etwas mit Tabubrüchen zu tun. Sie ist die Verwirklichung unserer verborgensten Wünsche, die wir uns fürchten preiszugeben. Haben wir doch den Mut dazu! Sulamith, eine Sanyassin in der erotischen Tradition des Meisters Osho, beschreibt diese mutige Kultur der Zärtlichkeit so: *In einer Tantragruppe gab es ein Wunschritual. Ich ließ mich von zwei Männern verwöhnen. Ich wurde gebadet in Aromaölen. Das Badezimmer war voller Teelichter, und schöne Musik spielte. Liebevoll und sanft wurde ich ins Badewasser gesetzt. Mit bewusster, zarter Berührung wurden mein Körper, meine Haare gewaschen. Ich wurde abgetrocknet und ging zum Bett. Dort wurde ich mit Federn und Fellen gestreichelt. Ein Mann massierte mein Gesicht, einer die Füße. Ich war im siebten Himmel. Zum Schluss lag ich eng umschlungen zwischen den beiden. Wir atmeten zusammen, und eine Welle von Glückseligkeit, Dankbarkeit und Vertrauen durchströmte meinen Körper.*

Der weltberühmte englische Sexualforscher Havelock Ellis (1859 – 1939) sprach von der Entwicklung der *erotischen Persönlichkeit* in uns. Es ist nicht nur eine Freizeitaktivität und Spielerei am Rande unseres

Lebens, sondern ein zentraler Ausdruck von Erwachsenwerden und tiefer Wesenhaftigkeit. In der Sexualität, so befand Havelock Ellis, haben wir die große Chance, spielerisch zu lernen: *Sicher aber ist wahr, dass wir, je sinnvoller und weiser wir die Spielfunktion der Sexualität ausüben, desto mehr auch unsere erotische Persönlichkeit bilden und Meisterschaft in der Kunst der Liebe erreichen. Je länger ich lebe, desto ungeheurer erscheint mir die Wichtigkeit der Entwicklung der erotischen Persönlichkeit des Individuums dank dieser Spielfunktion, und für die menschliche Gesellschaft die der Ausbildung dieser Kunst der Liebe. Zugleich aber staune ich immer mehr über die Seltenheit erotischer Persönlichkeit und die Unvertrautheit mit der Kunst der Liebe sogar bei Männern und Frauen, die in der Ausübung der Fortpflanzung wohl erfahren sind, bei denen wir solche Bildung und Kunst zuversichtlich erwarten möchten. Manchmal fühlt man sich ganz hoffnungslos bei dem Gedanken, dass die Kultur auf diesem so äußerst intimen Lebensgebiet erst so wenig erreicht hat.* Die Kunst des Liebens sei, so Ellis, die Voraussetzung für die *Erlangung wahrhaft menschlichen Glücks und menschlicher Harmonie.*

Uschi stellt sich vor als eine selbstständige Frau, kinderlos, vierundvierzig Jahre alt, unverheiratet mit einem Partner zusammenlebend. Genau mit ihm hat sie Eros und Zärtlichkeit so hingebungsvoll erlebt, dass die Liebe ihres Lebens daraus wurde: *Vor einigen Jahren machte ich ein Seminar auf den Philippinen, wo wir viel meditierten und deswegen in einer etwas „abgehobenen" Stimmung waren. Dort begegnete mir der Mann in der Gruppe. Ich hatte gleich das Gefühl, dass ich ihn schon ewig kenne. Wir sprachen im Rahmen des Seminars miteinander. Plötzlich saßen wir bei einer Kreismeditation nebeneinander. Ich fühlte mich sehr angezogen. Am nächsten Tag hatte mein Teil der Gruppe Schweigegebot in der Pause. Wir sollten am Strand entlang laufen und uns „erden". Das tat auch ich. Plötzlich taucht dieser Mann am Strand auf, lächelt mich an und winkt mich mit einer kleinen Geste zu sich. Er fragte leise: „Möchtest du dich etwas hinlegen? Ich biete dir meine Schilfhütte an." Ich nickte und folgte ihm ganz benommen über diese Wendung ins so Private. In der Schilfhütte sah ich ein großes Doppelbett mit Moskitonetz und einem geblümten Bezug. Von draußen war das leise Plätschern eines Baches und das Kichern von Leuten in der Hütte nebenan zu hören. Ich war wie verzaubert, sah die vielen liebevoll sortierten privaten Dinge des Mannes auf der Kommode liegen und ließ mich einfach auf das Bett fallen.*

Wer jetzt einen simplen sexuellen Raubüberfall erwartet, der sieht sich getäuscht: *Er holte eine dunkelbraune Flasche aus dem Bad und hielt sie mir unter die Nase: reines Kokosöl, unverfälschter himmlischer Duft. Er sah mich dazu fragend an. Ich nickte, löste das Strandtuch von meinem Hals, sodass ich nur im Bikinihöschen dort auf dem Bett lag. Ich rückte mich auf dem Bauch liegend in die Mitte des großen Bettes und ließ es einfach geschehen: Seine langen sanften Finger zogen mit diesem herrlichen Öl sanfte Bahnen über meinen Körper, zwischen den Fingern und Zehen, überall hin fuhren diese überaus sicheren Finger. Es war eine Wohltat. Ich weinte leise vor Seligkeit. Das Schönste war, dass die ganze Situation unsexuell war. Trotz der hohen erotischen Spannung, mich von so erfahrenen Händen entdecken zu lassen, hatte ich volles Vertrauen, dass mein Mich-gehen-Lassen nicht ausgenützt wurde. Deswegen konnte ich diese Behandlung ja auch so genießen. Noch spannender wurde es, als er mich sanft auf den Rücken drehte und ich ihm bei seiner Arbeit zusehen konnte, die er mit einem ganz entspannten Gesicht machte. Es war eine unendlich sanfte Stimmung, der Duft, die Stille, die Hitze, das Schweben und dann diese selbstlosen Berührungen – ein Traum. Irgendwann murmelte er, dass meine Pause um sei und ich wohl wieder zur Gruppe gehen müsste, wenn ich denn wolle …*

Sage keiner, dass die Zärtlichkeit des Eros älteren Menschen verwehrt sei. Mathilde ist fünfundsiebzig Jahre alt. Sie arbeitete als Volkswirtin und hatte erst mit siebenundvierzig Jahren den Mann ihres Lebens gefunden. Noch immer genießen sie und Helmut die Zärtlichkeit in der Sexualität und die Sexualität in der Zärtlichkeit: *Wir sind beide Rentner inzwischen. Unser Schlafzimmer haben wir als den intimsten und „schnuckeligsten" Raum unserer Wohnung gestaltet. Es ist ein Kamin darin, den wir abends oft anmachen. Vor den Kamin haben wir eine Matratze mit einem indianischen Überwurf hingelegt. Wenn uns jemand sähe, könnte er uns glatt für zwei verliebte Teenager halten oder für Kinder beim „Doktorspiel"! Ich bin so durstig nach seinen Berührungen und kann nie genug kriegen. Ich bin sicher, wir werden uns und unsere Körper selbst dann noch genießen, wenn wir körperlich nicht mehr so robust sind wie jetzt. Vielleicht brauchen wir uns gerade erotisch besonders, wenn wir alt und gebrechlich werden.*

Der Mensch, so sahen wir bei unseren Betrachtungen über die Philosophie der Zärtlichkeit, ist gegenüber dem Tier in einer ganz ausgezeichneten Weise ein *animal amans*, eine liebende Kreatur. Der französische Aufklärer und Philosoph Voltaire (1694 – 1778), hat diese Liebesfähigkeit begeistert begrüßt. Sie entschädige den Menschen für alles, was die Natur den Tieren mehr gab, sei dies Kraft, Schönheit, Gewandtheit oder Schnelligkeit: *Es gibt sogar Tiere, denen Wollust unbekannt ist. Die schuppigen Fische sind dieses Zaubers bar, das Weibchen wirft Millionen von Eiern auf den Schlamm; das Männchen, so es sie trifft, zieht darüber hin und befruchtet sie mit seinem Samen, ohne sich zu bekümmern, welchem Weibchen sie gehören. Die meisten Tiere, welche sich paaren, kosten die Lust nur mit einem einzigen Sinn, und alles erlischt, sobald diese Reizung gesättigt ist.*

Voltaire ermuntert uns mit den Worten: *Kein Lebewesen außer dir kennt die Umarmung; dein ganzer Leib empfindet; deine Lippen vor allem genießen eine Wollust, die um nichts ermüdet, diese Lust gehört deiner Gattung allein; schließlich kannst du dich jederzeit der Liebe hingeben, und die Zeit der Tiere ist begrenzt. Wenn du all solche Überlegenheit bedenkst, wirst du sagen: „Die Liebe brächte noch ein Land von Gottlosen dahin, die Gottheit anzubeten."*

Wortküsse

Zärtlichkeit
so sanft, so zart
es glüht auf meiner Haut
und Veilchen duften schön.
Der Mond – so hell
voll Glanz uns wärmt –
magnetisch, magisch
knisternd – atmosphärenschwer.
So sanft und wild
ich möcht' noch mehr.

Andrea Montermann

Hast du, liebe Leserin, lieber Leser, deinem/deiner Geliebten schon einmal so ein schönes Gedicht wie dieses geschrieben? Nein? Warum nicht? Liebesgedichte und Liebesworte sind, wie mir ein Mann so schön schrieb, *Wortküsse*. Rainer Maria Rilke sagte einmal: *Darin besteht die Liebe: Dass sich zwei Einsame beschützen und berühren und miteinander reden.* Am Anfang war das Wort.

Über *Wortküsse* schrieb mir Walther etwas besonders Schönes. Er amtiert neben seinem universitären Beruf ehrenamtlich als katholischer Diakon, das ist eine Weihe, die nicht zum Zölibat verpflichtet, aber die Ausübung gewisser Priesterdienste erlaubt. Walther: *Vor einiger Zeit hatte ich mit meiner Frau Friederike eine tiefe Beziehungskrise. Wir hatten uns vor lauter Beruf und Kinder auseinandergelebt. Ich bin ein ziemlicher Workaholic. Meine Habilitationsarbeit hat mir jeden Nerv geraubt, ich lebte nur noch für die Wissenschaft und meinen geliebten Kirchendienst. Wir hatten nichts mehr gemeinsam unternommen, das Gespräch zwischen uns versiegte, die Sexualität fror ein. Da verliebte sich Friederike, die Krankenschwester ist, in einen Arzt in ihrem Krankenhaus. Sie sagte es mir ganz offen. Ich war bis ins Mark erschüttert. Sie gestand mir sogar, dass sie mit ihrem Geliebten geschlafen habe.*

Ich war gleich zweifach erschüttert. Einerseits hatte ich bis zu diesem Zeitpunkt mit geradezu kindlichem Vertrauen an die Unantastbarkeit der Ehe geglaubt. Zum anderen bekam ich Knochenangst, Friederike zu verlieren. Ich konnte und kann mir ein Leben ohne sie nicht vorstellen. Außerdem wurde ich so eifersüchtig, dass mich die Gefühle nur so überschwemmten. Ich begann, Friederike zu kontrollieren, unerwartet an ihrer Arbeitsstelle auf der Station aufzutauchen, ihr Handy nach SMS-Nachrichten zu überprüfen und ihre Handtasche zu durchstöbern. Das machte alles nur noch schlimmer.

Ich konnte gar nicht begreifen, was Friederike an diesem Mann fand. Er war untersetzt, grauhaarig und hatte einen Bauch – ich dagegen bin groß, schlank und habe mit fünfundfünfzig Jahren noch braune volle Haare. Warum hatte ich sie an diesen Mann verloren? Was hatte er mir voraus? In meiner Not erinnerte ich mich an ein russisches Sprichwort. Es lautet: „Der Kluge sucht nicht den Weg, er fragt danach." Also fragte ich Friederike eines Abends ganz ernsthaft in einem tiefen Gespräch, was sie an ihrem Geliebten so fasziniere. Sie antwortete: „Es ist nicht sein Körper. Du bist attraktiver als er. Aber er redet stundenlang mit mir. Es gibt nichts, worüber wir nicht sprechen. Er findet mich so schön, und er benennt meine Haare, Augen, Ohren, meinen Mund, meine Brüste, meinen Bauchnabel, meine Scham, meine Schenkel, meine Knie, ja selbst meine Zehen mit so schönen Worten."

Ich verstand. Von diesem Tag an begann ich, um Friederike zu werben. Das Wesen der Zärtlichkeit ging mir auf. Es bedeutet, den anderen in liebe Worte einzuhüllen, ihm aus Worten ein Rosenbett zu errichten. Ich reduzierte meine Arbeitsstunden und widmete mich stärker dem Gott der Liebe als dem Gott der Kirche. Noch nie habe ich so viel mit Friederike gesprochen wie in diesen Wochen der Krise. Ich sah zum ersten Mal wieder, wie schön sie war. Eines Morgens, als ich zu einer entfernten Tagung aufbrach, legte ich ihr einige Sätze aus dem Hohelied Salomo auf ihren Schreibtisch:

> *„Du bist schön wie keine andere, dich zu lieben macht mich glücklich! Schlank wie eine Dattelpalme ist dein Wuchs, und deine Brüste gleichen ihr mit ihren vollen Rispen.*
> *Auf die Palme will ich steigen, ihre süßen Früchte pflücken, will mich freuen an deinen Brüsten, welche reifen Trauben gleichen.*
> *Deinen Atem will ich trinken, der wie frische Äpfel duftet, mich an deinem Mund berauschen, denn er schmeckt wie edler Wein."*

Das war der Durchbruch und der Neuanfang unserer Liebe. Zurückgekehrt fand ich, sinnigerweise auf meinem Kopfkissen, Ulrikes Erwiderung, ebenfalls aus dem rund 800 Jahre v. Chr. entstandenen Hohelied Salomo:

„Nur ihm, meinem Liebsten, gehöre ich,
und mir gilt sein ganzes Verlangen!
Komm, lass uns hinausgehen, mein Liebster,
die Nacht zwischen Blumen verbringen!
Ganz früh stehen wir auf, gehen zum Weinberg und sehen, ob die Weinstöcke treiben, die Knospen der Reben sich öffnen und auch die Granatbäume blühen.
Dort schenke ich dir meine Liebe!"

Liebe verlangt nach Zärtlichkeit, Zärtlichkeit schreit nach Worten. Worte sind Luft, wir brauchen sie um zu überleben. Ihr Wind macht das Schiff der Liebe segeln. Was wäre die Liebe ohne Worte? Im Alten Testament beschreiben die Erzähler voller Innigkeit auch die Liebesbeziehung zweier Männer, des Königssohnes Jonathan und des jungen Harfenspielers David: *Als David aufgehört hatte, mit Saul zu reden, verband sich das Herz Jonathans mit dem Herzen Davids, und Jonathan gewann ihn lieb wie sein eigenes Leben.* Jonathan ist der Sohn Sauls. Weil zwischen Saul und David Feindschaft einkehrt, müssen die Liebenden Abschied nehmen: *Als der Diener gegangen war, kam David aus seinem Versteck hinter dem Steinhaufen hervor. Er kniete vor Jonathan nieder und beugte sich drei Mal zur Erde. Dann küssten sie sich beide und weinten.* Schließlich passiert das Entsetzliche. Jonathan stirbt in der Schlacht an der Seite seines Vaters Saul. David ist untröstlich. In einem anrührenden Klagelied fasst er sein Leid und seine Zärtlichkeit um den verlorenen Geliebten in Worte:

Mein Bruder Jonathan, mein bester Freund,
voll Schmerz und Trauer weine ich um dich;
deine Freundschaft hat mir mehr bedeutet,
als Frauenliebe je bedeuten kann.
(2. Sam. 1/26).

Die Freimütigkeit dieses alttestamentarischen Eros, aber auch die antike Sinnenfreude fielen der Sexualneurose der christlichen Amtskirche zum Opfer. Selbst der trunkene Liebesgott Pan degenerierte in der katholischen Bildersprache zum Teufel. Der Kulturwissenschaftler Otto F. Best konstatiert in seinem Werk *Die Sprache der Küsse*: *Es ist klar, dass die antike Auffassung von Freiheit und Würde des Menschen sich nicht mit der Idee des Teufels verträgt. Dennoch stand dem Urchristentum, dem die Sexualität zu einer schweren Bürde wurde, nicht an, dem Teufel die Züge des Gottes Pan zu verleihen. Halb Bock halb Mensch erscheint er später auf den Portalen der Kathedralen, den Sockeln des Chorgestühls. Als verbürgt gilt, dass sein Penis kalt und mit Schuppen bedeckt, sein Kuss und sein Sperma eisig sind. Aus Pan und seinen Dryaden wurden Inkubi und Sukkubi, um nur einige Vertreter der weit verzweigten Teufelssippe zu nennen. Von nun an erfüllt, wo Menschen einander küssten …, Schwefelgeruch die Luft. Für Jahrhunderte werden Höllendrohung und Teufelsangst selbst die Kussfreude vergiften.* Best ist gleichwohl optimistisch: *Wenn Milch und Honig, wie das Alte Testament sie besang, trotzdem weiterflossen, dann auch deswegen, weil die Verbindung von Erinnerung und Erwartung, wie sie der Kussgeste eignet, jeder Ideologie spottet.*

Fast gleichlautend berichten mir viele Schreiberinnen und Schreiber, dass gemeinsames Singen und Vorgelesen-Bekommen für sie Zärtlichkeit bedeutet. Manuela schwärmt: *Zärtlichkeit ist für mich auch, wenn jemand mit mir spricht – die Stimme, der Ton. Zärtlichkeit sind warme, liebe Augen, ein stiller Händedruck in den verschiedensten Situationen, wenn mir jemand über den Rücken streicht, die Füße massiert oder streichelt, mir ein Lied vorsingt oder ein Märchen vorliest.* Zärtlichkeit ist aber auch, so verrät Manuela, *wenn mir jemand die Haare wäscht.* Ach, liebe Leserinnen und Leser, wascht euch doch öfters einmal gegenseitig die Haare! Meine Liebste schneidet sie mir sogar – zärtlich!

Erotik können sich die meisten Schreiberinnen und Schreiber nicht ohne die beseligende Kraft der Worte vorstellen. Das Wort des Menschen ist sein Wesen. Nichts spiegelt die Geisteshaltung der Verklemmtheit deutlicher wider als unsere armselige Sprache. Auf keinem Gebiet stammeln wir so hilflos wie auf dem der Erotik. Das Tabu der Jahrhunderte lastet über der Äußerung unserer sexuellen Bedürfnisse und Wünsche. Uns fehlt eine kultivierte Sprache, mit der wir angemessen, klar und zart über Erotik reden können.

Rudolf meint: *In meinem Elternhaus wurde über Sexualität nie gesprochen. Weder zu Hause noch in der Schule wurde ich aufgeklärt. Obwohl ich von Beruf aus Lehrer und Philologe bin, konnte ich viele Jahre über Sexualität nicht sprechen. Mir standen nur zwei sprachliche Extremmöglichkeiten zur Verfügung. Einmal der wissenschaftlich-distanzierte Fachjargon. Aber ich kann doch nicht sagen, „Gnädige Frau, darf ich meinen Penis in Ihre Vagina einführen?" Das andere Extrem ist die Sprache der Obszönität. Soll ich sagen, „Lady, I want to fuck you"? Das ist genauso unmöglich. Meine Frau und ich haben lange gebraucht, die richtigen Worte der Liebe zu finden. Jetzt verfügen wir über einen zärtlichen Geheimcode besonders schöner Worte für das Liebemachen und die körperlichen Lustquellen. Sie erotisieren uns. Wir reden uns manchmal richtig in die Lust hinein. Dann bilden die Worte das Vorspiel.*

Das soll jedoch nicht heißen, dass obszöne Worte nicht auch die Liebe stimulieren können, aber wir müssen sie der Situation entsprechend einsetzen und als sprachliche Raritäten stimulierend verwenden.

Bereits die Entstehung des Wortes „obszön" weist auf ihren theatralischen Knalleffekt hin. In manchen Theatern des alten Roms sangen die Schauspieler gewagte Lieder. Sie waren an Deftigkeit kaum zu überbieten. Darüber war der Gelehrte und Bibliothekar Cäsars, Marcus Terentius Varro, so erzürnt, dass er von dem lateinischen Wort *scaena,* der Schaubühne, den Begriff *obszön* herleitete, da für ihn das Theater der Ort unzüchtiger Worte schlechthin war. Dass wir Menschen bis heute, etwa im Konsum erotischer Filme, zur „obszönen" *scaena* strömen, verrät etwas von der Urgewalt des Eros.

Ob ich streng oder zärtlich zu einem anderen spreche, macht einen himmelweiten Unterschied. Eine zärtliche Sprache ist aber auch ausschlaggebend und wichtig für mich selbst. Jeder trägt in sich ein „inneres Kind". Es hungert nach Anerkennung, Wohlwollen und Zärtlichkeit. Wer soll ihm diese heilige Trinität geben, wenn nicht ich selbst?

Corinna führt aus: *Meine Eltern gingen mit uns drei Kindern grundsätzlich barsch um. Mein Vater pflegte immer Goethes Vorspruch zu seinem Bildungsroman „Wilhelm Meister" zu zitieren: „Der nicht geschundene Mensch wird nicht erzogen werden." Gelobt wurden wir grundsätzlich nicht. Also habe ich mich später selbst im Leben auch nicht gelobt. Ich war immer die schärfste Antreiberin und liebloseste Kritikerin meiner Selbst. „Du bist völlig unmöglich", sagte ich mir immer wieder, „dich kann keiner lieben". Das ging so lange, bis ich mit fünfundvierzig Jahren an Brustkrebs erkrankte. Meine rechte Brust musste amputiert werden. Zum ersten Mal fühlte ich mich mit dem Tod konfrontiert. Mein Mann und meine Kinder standen mir rührend bei. In einer Frauen-Krebs-Selbsthilfegruppe nach Simonton fand ich zu mir selbst. Mir wurde das Geschenk meines Lebens deutlich. Ich lernte einen so genannten Einstellungssatz, der mich bis heute begleitet und der mir mein Herz wärmt: „Ich bin eine tapfere, kluge und liebenswerte Frau." Ich spreche seitdem oft mit mir selbst und verwende dabei nur zärtliche Worte: „Du bist müde, mein Schatz. Ich mache dir eine Wärmflasche und bring dich ins Bett." Oder: „Das war ein anstrengender Tag, meine Liebe, ich lasse dir jetzt die Badewanne ein und wärme dir den Bademantel am Heizkörper vor. Du kriegst ein schönes Schaumbad!"*

Ganz ähnlich formuliert es Ella, die heute zärtlich mit und über sich selbst spricht: *Zärtlichkeit zu mir selbst hat etwas mit dem großen weiten Begriff der Zärtlichkeit zu tun, der nicht nur aus Berührung besteht, sondern aus „Achtsam mit mir umgehen". Ich kann zärtlich zu mir sein, indem ich mir etwas Gutes gönne. Mich zum Beispiel eine Stunde in die Sonne zu legen, anstatt zu bügeln. Achtsam beziehungsweise zärtlich mit mir umzugehen, beinhaltet auch eine gewisse Nachsicht und Toleranz meiner eigenen Person gegenüber. Das Zugeständnis, Fehler machen zu dürfen, ohne mich selbst dafür zu demütigen und klein zu machen. Zärtlichkeit zu mir selbst, das heißt auch, mir Zeit zu nehmen für mich selbst. In meinen Interessen zu versinken, kleine alltägliche Wunder zu genießen wie das Erwachen der Natur im Frühling, den Sternenhimmel in der Nacht. Glücksmomente, die mir, wenn ich mir gestatte, sie zu genießen, viel innere Kraft und Stärke geben. Natürlich kann ich mich selbst auch zärtlich streicheln, mir Mut zusprechen, mir vor dem Spiegel sagen, wie schön ich bin, einfach liebevoll mit mir umgehen. Denn lieben muss ich mich schon, um zärtlich mit mir umgehen zu können, das ist die Grundvoraussetzung für so vieles. So wie ich andere Menschen nur wirklich lieben kann, wenn ich mich selber liebe, so kann ich auch nur Zärtlichkeit geben, wenn ich in der Lage bin, mir selber welche zu geben.*

Wie manche der Schreiberinnen beklagt Ella die Wortfaulheit und Fantasielosigkeit vieler Männer beim Liebemachen. Witzig schreibt sie: *Als ich letztens einmal beim Arzt im Wartezimmer saß, konnte ich mich mit den ausliegenden Illustrierten beschäftigen. Eine hatte das beliebte Thema: „Wie ändere ich meinen Partner?" Es ging dabei um Sexualität und Zärtlichkeit. Unter anderem konnte ich da lesen, dass der Mann vom Kaltstart bis zum Höhepunkt nur zwei Minuten braucht, die Frau jedoch dreizehn Minuten. Das läge daran, dass der Urmensch sich mit der Fortpflanzung beeilen musste, sonst hätte ihn der Säbelzahntiger gefressen. Ist doch toll, oder?*

Lieber männlicher Leser, leg deine Angst vor dem Säbelzahntiger ab. Gib dich mit einem zärtlichen Vorspiel deiner Liebsten hin! Vergiss dabei aber nicht, dass zu viel Harmonie und „Wir" die Leidenschaft töten kann. „Ich" habe schließlich sexuelle Träume und erotische Wünsche in der Partnerschaft. Sie mögen unser braves Bruder-Schwesterlein-Verhältnis vielleicht explodieren lassen, sie erzeugen aber die Gluthitze der Leidenschaft. Und das Medium der Leidenschaft ist das Sprechen.

In meinem Buch *Das sprachlose Paar* empfehle ich, einmal im Monat, in abgeschirmter Atmosphäre, das *Zwiegespräch* nach dem verstorbenen Frankfurter Arzt, Psychoanalytiker und Paartherapeuten Lukas Michael Moeller zu führen. Es eignet sich auch vorzüglich dazu, miteinander unbefangen über erotische Fantasien und kühne Sehnsüchte zu reden. Und nicht zuletzt kann auch ein solches Paargespräch selbst durchaus zur innigen und sinnlichen Begegnung werden …

Alles Sein will Wort werden, sagte Nietzsche (*Also sprach Zarathustra*). Das Wort will Lust werden. Es ist der Pionier und Vorgänger der Tat in der Liebe. Wer mit Worten küsst, wird Küsse ernten. Wie sagte der amerikanische Schriftsteller Nathaniel Hawthone so schön: *Zärtlichkeiten sind ebenso notwendig für das Gefühlsleben wie die Blätter für die Bäume. Ohne sie stirbt die Liebe von der Wurzel her ab.*

Geben und Nehmen

Willst du geliebt werden, liebe.

Lucius Annaeus Seneca
(4 v. Chr. – 65 n. Chr.)

Zärtlichkeit ist eine Existenzform, sagt der Philosoph Jean-Paul Sartre. Zärtlichkeit bedeutet, die Welt mit liebenden Augen sehen. Zärtlichkeit ist eine Form der Wahrnehmung und des Handelns. Aber wie oft erlebe ich Frauen und Männer in meiner Praxis, die für Zärtlichkeit keinen Sinn haben, weil sie diese als Kinder und oft noch im erwachsenen Leben nicht genug spüren durften. Manchmal resignieren solche zärtlichkeits-entwöhnten Menschen über Jahre. In dem Augenblick, in dem sie jedoch die Lebensberatung oder Psychotherapie aufsuchen, stehen sie bereits am Anfang der Heilung: Sie wollen nicht länger ein Leben ohne Liebe und Zärtlichkeit führen. Sie wissen nur noch nicht den Weg.

Vor allem Frauen unter den Schreibern klagen immer wieder, dass für sie das Geben und Nehmen in der Liebe eine Enttäuschung war. Mechthild nennt das böse Faktum genau beim Namen: *Ich habe bei meinen vielen früheren Beziehungen ständig das Gefühl gehabt, wenn Männer bereit waren, mir Zärtlichkeit zuteil werden zu lassen, war das Berechnung. Eigentlich wollten sie nur Sex. Aus diesem Grunde konnte ich die so genannten Zärtlichkeiten nicht gut aushalten, so unter dem Motto: „Alles hat seinen Preis". Mein Gefühl hat sich nicht geirrt. Es war so. Der Unterschied zwischen einer Prostituierten und mir war der: Ich bekam mein Honorar in Form von Zärtlichkeiten vor dem Sex, die Prostituierten werden nach dem Sex bezahlt.* Mechthild hat diese emotionale Schräglage erkannt und ihre Konsequenzen gezogen. *Bei meinem jetzigen Partner kann ich Zärtlichkeit genießen. Sie hat keinen Preis.*

Ich möchte nicht als frivol missverstanden werden, wenn ich den Satz aufstelle: Jeder muss sich seine Zärtlichkeit selbst holen. Das kann auch, wie ich in meinem Buch *AußenBeziehung* (emu-Verlag) gezeigt habe, zu Grenzübertritten in fremde erotische Territorien führen.

Rosi erlebte in ihrer Ehe keine Zärtlichkeit. Sie berichtet jedoch: *Mein Mann ist Alkoholiker. Ich träume nicht mehr, aber ich habe Träume zum Teil umgesetzt in einer Beziehung zu einem anderen Mann: Nahe beieinander stehen, zärtliche Blicke, streicheln, trösten und immer alles aufrichtig. Es macht Spaß, Zärtlichkeiten zu geben, im Laufe der Jahre zu wissen, welche besonders angenehm sind. Es reicht aus, Zärtlichkeiten zu tauschen, um mich wieder aufzurichten. Ich fühle mich schön und geliebt. Probleme werfen mich nicht um. Als ich meinen Freund acht Wochen lang nicht sehen konnte, erlebte ich den Verlust der Zärtlichkeit und der Gespräche schmerzhafter als den Verlust an Sex.* In dieser Außenbeziehung erlebte Rosi auch ihr bisher schönstes Zärtlichkeitserlebnis: *Ich wollte duschen, denn ich kehrte von einem Seminar zurück. Er kam und wusch mich. Er sah mich zum ersten Mal nackt. Er ließ sich viel Zeit, und ich genoss den Schaum und seine Hände. Er redete ganz leise mit mir.*

Wem Zärtlichkeit in der Familie versagt bleibt, der holt sie sich an anderen Orten, manchmal, ohne sich dessen bewusst zu sein. Selbst in *Hans mein Igel*, dem Grimm'schen Märchen über eine gnadenlos kalte Kindheit unter zwei wahren Eisbrocken von Eltern, bullert ein warmer Ofen, hinter dem unser Held acht Jahre lang zu überleben vermag …

Michaela hat elterliche Zärtlichkeiten *selten, eigentlich nie* erlebt. Dafür ist sie mit vielen Tieren aufgewachsen, Pferden, Hund, Katze, Ziege. Hier gab sie viel und bekam viel Zärtlichkeit. *Für mich waren diese Tiere wie meine Geschwister. Wir hatten eine innige Beziehung zueinander. Ich hätte für meine Tiere alles getan, sie aber auch umgekehrt für mich. Zum Beispiel hatte ich ein Pferd. Als Tuck geboren wurde, war ich vier Jahre alt. Wir durften achtundzwanzig Jahre miteinander verbringen, bis er im hohen Alter an einem Hirnschlag starb. Tuck gab mir viel Liebe und Zärtlichkeit, indem er zum Beispiel meine Hand schleckte oder seinen Kopf liebevoll an mich drückte. Als ich in Gefahr war, verteidigte er mich. Als ich im*

Krankenhaus operiert werden musste, spielte er am Operationstag völlig verrückt. Auch ich fragte in der Aufwachphase ständig nach ihm. Er wieherte schon, wenn er mich sah. Er war einfach gern in meiner Nähe und hatte gern Körperkontakt mit mir.

Mit Menschen verlief Michaelas Leben eher liebesarm. Aber ihre Fähigkeit zu Zärtlichkeit und Zuwendung hat sich entwickelt. *Im Laufe der Zeit – ich bin jetzt fünfunddreißig Jahre alt – hat die Zärtlichkeit auch im Umgang mit anderen Menschen, nicht nur mit dem Partner, mehr Bedeutung erlangt. Ich habe mich auch dazu überwunden, traurige Menschen durch eine Umarmung zu trösten oder einfach zur Begrüßung oder zum Abschied zu umarmen. Diese Geste habe ich in meiner Kindheit nie erlebt.*

Wie sehr man das zärtliche Geben und Nehmen, das einem als Kind ausgetrieben wurde, später lernen kann, zeigt das Beispiel des Mathematiklehrers Bernd Retzlaff, über den die Wochenzeitschrift *Die Zeit* (24/2002) berichtete. In seinem Unterricht im badischen Sulzburg nimmt der Pädagoge, mit ausdrücklicher Genehmigung der Schulleitung, seine beiden Labrador-Hunde Jule und Nina mit: um ein sanftes Klassenklima zu schaffen. Die beiden Hunde sind wahre Herzensbrecher. *Hunde nehmen einen, wie man ist, egal, ob man schlechte Noten hat, sich für zu dick hält oder Pickel hat*, beschreibt Retzlaff den therapeutischen Effekt seiner knuddeligen Vierbeiner.

Das genoss unter anderem ein fünfzehnjähriger Kosovo-Albaner, der sich zu Hause und in der Schule als aggressiver Macho aufspielte, als schwer erziehbar galt und mit seinen Ramboallüren eine tiefliegende Liebessehnsucht überspielte. Insgesamt war die Klasse ein gefürchteter Katastrophenhaufen voller Gewaltpotenzial, Prügeleien und Diebstählen. Als die beiden lammfrommen, leicht übergewichtigen und gelenkschwachen „Hilfslehrer“ Jule und Nina das Leben der Horrorklassen teilten, lag der jugendliche Rambo öfters auf dem Boden und schmuste mit ihnen. Lehrer Retzlaff: *Plötzlich konnte er sich zärtlich und einfühlsam geben, ohne Angst, er würde deshalb ausgelacht.*

Im Unterricht haben sich diese Hunde als Lärmdämpfer und regelrechtes Therapeutikum erwiesen. Der Geräuschpegel ist geringer, die Aggression geht gegen null, die Stimmung ist fröhlicher. Man nennt das in der Psychologie die *Eisbrecherfunktion* von Tieren. Tiere wecken unsere Gefühle und Einfühlung. Sie erziehen uns zur Zärtlichkeit. Sie schulen uns auch in Toleranz. Denn, wie eine alte Bantu-Weisheit sagt:
Wer seinen Hund liebt, muss auch seine Flöhe lieben.

Jeder hat sein Glück unter den Händen, wie Goethe sagt. Wir sind Bildhauer unserer selbst, Künstler und Marmor zugleich. Annemarie, verheiratet, drei Söhne, ist eine Expertin darin. Sie führt heute ein ausgeglichenes, zufriedenes und ausgefülltes Leben: *Das war nicht immer so. Ich bin Alkoholikerin, allerdings seit mehr als einundzwanzig Jahren trocken, und besuche auch heute noch die Gruppe der Anonymen Alkoholiker (AA) aus drei Gründen: Aus Dankbarkeit, denn ich habe durch und mit AA ein völlig anderes Leben kennen gelernt. Um nie zu vergessen, dass ich Alkoholikerin bin und mich das erste Glas wieder dahin bringt, wo ich herkomme. Um mit den Neuen bei AA die Erfahrung, Kraft und Hoffnung zu teilen.*

Zärtlichkeit war in ihrer Kindheit Mangelware. Annemarie hat sie sich selbst beibringen müssen: Sie wurde zur glühenden Tierfreundin:
Ich kam an keiner Katze, keinem Hund, keinem Hamster, keinem Meerschweinchen, keinem Esel, Pony, Pferd, Kuh, Schaf vorbei, ohne es ausgiebig zu streicheln. Wahrscheinlich hatte ich Nachholbedarf. Ich erinnere mich: Ich war schon verheiratet, über dreißig Jahre alt, noch ohne Kinder, mein Mann war sehr häufig geschäftlich unterwegs. Da bin ich mindestens einmal pro Woche zu einem Damwildgehege gefahren, habe die Tiere gefüttert und

dabei gestreichelt. Und das zwei bis drei Jahre lang. Ich hatte meine Lieblingstiere, die immer sofort kamen. Als mein erstes Kind geboren wurde, ging ich nur noch ganz selten hin. Jetzt konnte ich meine Zärtlichkeiten anderweitig loswerden. Das wurde mir hinterher klar. Kinder sind Zärtlichkeitstrainer!

Jetzt ist Annemarie eine glänzende Geberin – und folgerichtig auch Nehmerin: *Meine Kinder sind mit viel Zärtlichkeit aufgewachsen, sowohl von mir als auch von meinem Mann aus. Wir machen richtige „Knuddelrunden". Es kann auch heute noch vorkommen, dass unser Dreizehnjähriger sich seinem Vater auf den Schoß setzt. Nur in der Öffentlichkeit, wenn die Kumpels zuschauen, die sich vielleicht abfällig äußern könnten (obwohl die Jugendlichen unter sich sehr großzügig mit dem Küssen sind), sind sie etwas sparsamer. Unser Jüngster umarmt und küsst auch öffentlich noch gründlich, da wurde ich schon des Öfteren von anderen Müttern beneidet. Mit meinen Geschwistern sind herzliche Umarmungen normal. Besonders viel umarmt und geküsst wird bei den Anonymen Alkoholikern: Zur Begrüßung, zum Abschied und auch dann, wenn es jemand einfach nötig hat – und das ist oft der Fall. Mir wird öfter gesagt, dass meine Umarmung den Betreffenden Hoffnung und Kraft gibt.*

In der Sexualität spielt die Zärtlichkeit für Annemarie und ihren Mann eine wichtige Rolle: *Sein ausgiebiges zärtliches Vorspiel gehört einfach dazu. Ich wundere mich oft, dass uns auch nach so vielen Jahren immer noch etwas Neues einfällt. So kann es ruhig bleiben.*

Zärtlichkeit zur richtigen Zeit ist wie Erste Hilfe. Sie kann vor dem psychischen Tod retten. Annemarie hat dies bei einem Mann in der Gruppe der AA erlebt, der zwar *trocken*, aber nicht *nüchtern* war. Trocken ist ein Alkoholiker, wenn er nicht mehr trinkt. Nüchtern ist er, wenn er seelisch Inventur gemacht und seine geistige Not aufgearbeitet hat. Annemarie: *Dem sechzigjährigen Mann ging es gesundheitlich sehr schlecht.*

Er hatte nur aufgehört zu trinken. Er hatte aber weiterhin exzessiv geraucht, gearbeitet und gegessen. So kam, was kommen musste: Diabetes, extrem erhöhte Cholesterinwerte, Herzrhythmusstörungen und dazu familiäre Probleme. Es ging ihm wochenlang furchtbar schlecht. Wir haben in den Meetings viel darüber gesprochen, nachdem wir ihn erst einmal so weit hatten, dass er überhaupt darüber sprach. Irgendwann ging es dann langsam aufwärts. Er hat verstanden, dass er derjenige ist, der dafür sorgen kann, dass es ihm gut geht. Da hat dieser Mann, der immer ganz flott nach dem Meeting rausging, um zu rauchen, der auch nie beim Aufräumen oder Abspülen geholfen hat und immer nur „Hallo" sagte, da hat dieser Mann angefangen, mich in den Arm zu nehmen und ganz fest zu drücken. Es war so, als wollte er von meiner Kraft, Energie oder wie immer man das auch nennen will, etwas „abzapfen". Da war überhaupt keine sexuelle Komponente dabei. Er hat im Meeting gesagt, dass er glücklich und froh ist, endlich auch von Frauen etwas annehmen zu können. Wir Frauen im Meeting würden offensichtlich besser mit uns umgehen. Er könnte eine Menge von uns lernen. Die Frau dieses Mannes, die ich auch kenne, sie besuchte die Angehörigengruppen (Al-Anon), hat sich inzwischen mehrfach bei mir bedankt. Sie sagt, eine solche Veränderung hätte sie nicht mehr für möglich gehalten. Zärtlichkeit als Warmstart für das neue Leben.

Es sieht so aus, als ob wir von den trockenen Alkoholikern einiges lernen können, vor allem wir Männer. Ansgar spricht vom *Nachholbedarf* der Männer, *nicht nur in Sachen Gesundheitsaufklärung, sondern gerade im emotionalen Bereich.* Zärtlichkeiten zwischen seinen Eltern hat er so gut wie nie erlebt: *Der Kuss, den mein Vater meiner Mutter gab, als er von der Arbeit nach Hause kam, empfand ich stets als relativ emotionsloses Ritual. Meine Mutter hatte meist schon vor dem Kuss damit begonnen, einen Redeschwall über meinen Vater ergehen zu lassen, sodass sie den Kuss allenfalls im Unterbewusstsein wahrnahm. Wenn ich heute meine Mutter in den Arm nehme, sie drücke und küsse, spüre ich immer noch eine Art Sperre in mir.*

Dafür war der Vater völlig anders. Ansgar: *In Bezug auf Zärtlichkeit war in meiner Kindheit mein Vater das Leuchtfeuer. Allein durch seine Anwesenheit strahlte er eine Art Zärtlichkeit und Sanftmut aus, ganz im Gegensatz zu meiner Mutter. Seine ruhige, zurücknehmende und liebevolle Art, die der Kontrast zur polternden und dominanten Persönlichkeit meiner Mutter war, empfand ich stets als Insel in einem lauten und tosenden Meer. Ich wusste, dass mein Vater immer tröstende und verständnisvolle Worte für mich hatte, wenn ich zu ihm kam. Ich weiß noch genau, dass ich mit den schlechten Schulnoten nur zu meinem Vater ging. Die guten zeigte ich meiner leistungsorientierten Mutter. Mein Vater setzte sich zu mir, redete mit mir, legte seinen Arm auf meine Schulter, und ich wusste, dass die Welt da draußen mir nichts anhaben konnte, solange es meinen Vater gibt. Seine ruhige Art zu sprechen hat mir immer gut getan. Mein Vater strich mir oft durchs Haar auf eine ganz individuelle Art und Weise, wie nur er es machen konnte. Er benutzte diese Geste auch als Anerkennung. Wann immer er mir durchs Haar fuhr, zeigte er mir, dass er mich gern hatte.*

Aber der erwachsene Ansgar verschließt sich in sich selbst: *Zärtlichkeit war nichts für einen jungen Mann, der Fußballer war und nur zwischen den Torpfosten und Biergläsern ab und zu mal aus sich heraus ging.* Mit achtzehn Jahren fällt er in eine reaktive Depression auf Grund beruflicher Überforderung und der Unmöglichkeit, die an ihn gerichteten Erwartungen zu erfüllen. Ansgar: *Ich habe mich selbst isoliert in dieser Zeit und ließ keinen Menschen mehr an mich heran. Den ganzen Tag starrte ich an die Decke, und die einzige Befriedigung, die ich noch hatte, waren meine Mahlzeiten, welche primär aus Süßigkeiten bestanden. Alles andere fiel mir unendlich schwer. Ich fühlte mich als ein Neutrum in einer Welt, in der ich anscheinend nicht mehr zurechtkam. Ich konnte mich überhaupt nicht mehr geborgen fühlen, weil ich völlig am Ende war. Sogar suizidale Gedanken machten sich damals bei mir breit. Ich hätte es jedoch nie in meinem Leben fertig gebracht, mich umzubringen. Dass ich während dieser Zeit keine Zärtlichkeiten erhielt, lag an mir selbst, weil ich dafür auch gar nicht empfänglich war. Ich fühlte nur eine Leere, eine Perspektivlosigkeit und die Vorstellung, bereits mit Anfang Zwanzig am Ende des Lebens angekommen zu sein. Diese drei Monate waren die schrecklichsten in meinem Leben.*

In der Zärtlichkeit wurde Ansgar lebendig: *Als ich zum ersten Mal eine junge Frau küsste und umarmte, spürte ich, wie das Blut in meinen Kopf schoss, wie es mir warm wurde an allen möglichen Stellen des Körpers und wie ich alles um mich herum vergessen konnte. Der Geruch, die angenehme Wärme, die Gänsehaut und die Atmosphäre der Luft erzeugen heute noch ein Kribbeln im Bauch, wenn mir diese Dinge durch den Kopf gehen. Dieses Zärtlichkeitserlebnis war für mich wie eine Essenz, von der ich bis dahin nur die verdünnte Lösung kannte.*

Ohne Zärtlichkeit ist alles nichts *Ich glaube, ich hätte ansonsten nicht die Kraft, für meine Familie da zu sein. Ich hätte nicht die Kraft, meiner Frau zu Hause den Rücken freizuhalten, nicht die Kraft, unseren behinderten Sohn so anzunehmen, wie er ist. Ich hätte nicht die Fähigkeit, meinen Alltag zu meistern, so dass ich am Abend zufrieden einschlafen kann, wenn ich nicht zärtlich und gut zu mir selbst sein könnte.* Ende gut, alles gut – Ansgar reaktivierte seine Zärtlichkeit trotz der schweren zwischenzeitlichen seelischen Verhärtung noch.

Ansgar sagt uns Männern etwas, was ich für kostbar halte: *Achtlosigkeit und der Verlust von Zärtlichkeit scheint ein unzertrennliches Paar zu sein. Sehr froh und glücklich bin ich, dass ich nicht der harte Mann geworden bin, der ich als Junge immer sein wollte. Ich ließ mir bei angespannten Bauchmuskeln von meinen gleichaltrigen Schulkameraden in die Magengrube boxen, nur um zu zeigen, was ich einstecken kann. Hinterher wurde mir fast übel davon. Weinen, was ich früher stets unterdrückte, ist für mich mittlerweile eine Art von Befreiung geworden. Recht schnell fließt bei mir Augenwasser, bei Rührung oder bei Emotionsausbrüchen. Eine warme und salzige Träne abzuwischen und trösten zu können oder Trost dabei zu erfahren, auch das bedeutet für mich Zärtlichkeit, wie sie zwischen meiner Frau und mir stattfindet.*

Aus fast allen Antworten wird immer wieder eines deutlich: Weibliche und männliche Formen der Zärtlichkeit unterscheiden sich grundsätzlich nicht wesentlich. Es gibt nur eine, allerdings entscheidende Differenz: Männer müssen Zärtlichkeit oft noch *lernen*. Sie sind manchmal emotionale Neandertaler.

Es gibt wohl keinen Mann, der sich nicht insgeheim nach Zärtlichkeit sehnt. Er traut sich nur oft nicht, zu seinen tiefen Wünschen zu stehen. Ich empfehle Männern, sich ein Beispiel an „liebesstarken" Geschlechtsgenossen zu nehmen. So ein Mensch, bei dem man(n) Nachhilfestunden nehmen kann, ist Bernd. Er bemerkt: *Zärtlichkeit ist beruhigend, nicht verletzend. Wer streichelt, schlägt nicht, sondern will beschützen, will erhalten. Zärtlichkeit ist wie das Fellputzen der Affen. Streicheleinheiten wirken deeskalierend, bauen Vertrauen auf und intensivieren die Beziehung.*

Bernds Eltern waren auf Grund ihrer eigenen Herkunft und Erziehung kaum fähig, den Kindern offen Zärtlichkeit zu geben. Bernd konnte ihre verborgene Zärtlichkeit eher an ihren indirekten Aktionen erahnen. Bernd: *Ich hatte in meiner Kindheit oft Bauchschmerzen, vermutlich hervorgerufen durch drei Bauchoperationen nach meiner Geburt. Wenn diese Bauchschmerzen kamen, hielten sie meist einen Tag lang an und kamen immer mit starken Krämpfen verbunden. Irgendwann bekam ich ein Mittel, auf das ich mich übergeben musste. Danach klangen die Schmerzen allmählich ab. Ich schildere das deswegen etwas ausführlich, weil ich immer nach einer solchen Attacke im Bett meiner Mutter schlafen durfte und sie mich nachts mit Medikamenten versorgte und mich gesäubert hat, wenn ich brechen musste. Was ich so wunderbar gemütlich fand, war die Wärme in ihrem Bett, die Wärme meiner Mutter. Ich kann das heute noch nachempfinden. Hatte ich vielleicht deswegen so oft Bauchschmerzen, weil ich wusste, wo und wie es Wärme gab?*

Aber auch Bernds Vater zeigte seine verborgene Zärtlichkeit: *Mein Vater nahm mich oft alleine mit in unseren Garten an der Mosel; er hat mir viele Dinge beigebracht. Vater war ein musikalischer Mann, immer zu Späßen aufgelegt, aber auch wortkarg und teilweise verbittert. Er fraß viel in sich hinein und ließ auch vieles über sich ergehen. Er hat in mir die Liebe zur Musik erweckt, hat mir das Trompetespielen beigebracht. Die Musik war bis zu seinem Tode immer unser gemeinsames Thema. Heute spiele ich das Instrument, das Tenorhorn, das er als Letztes all der Instrumente, die er beherrschte, gespielt hat. Seine körperliche Nähe, seine Zuwendung und seine Verbundenheit mit der Musik, seine strahlenden Augen, wenn ich ihn besuchte, waren für mich Ausdruck seiner Zärtlichkeit, die er aber mir nie artikuliert hätte. Ich kann mich nicht erinnern, von ihm einmal gestreichelt worden zu sein. Unsere Katze hatte er früher immer auf seinem Schoß sitzen, und die hatte er gestreichelt. Merkwürdig, dass ich jetzt daran denken muss. Als mein Vater im Sterben lag, habe ich ihn gestreichelt. Da hatte ich ihn für mich. Ich hätte ihm noch gerne so viele Fragen gestellt. Er fiel ins Koma und starb ein paar Tage später, gerade als ich für zwei Stunden eine wichtige Besorgung machen musste. Wollte er nicht, dass ich sehen sollte, wie er starb? Wollte er mir das ersparen? War das das letzte Zeichen seiner Zärtlichkeit?*

Bernds Eltern haben sich verstohlen Liebe gegeben und haben Liebe voneinander empfangen. Das war nur nicht so offensichtlich. Bernd musste schon genauer hinschauen: *Zwei Erinnerungen sind mir dennoch so erhalten, dass ich sie malen könnte. An irgendeinem Heiligabend hatten wir fünf Kinder unsere Geschenke bekommen. Mein Vater, der gerne lachte und*

Spaß machte, hatte noch ein Geschenk in der Hand. Er sagte zu meiner Mutter scherzhaft: „Und was soll ich dir schenken?" Meine Mutter sagte spontan: „Einen Kuss!" Wir Kinder haben gelacht. An diesem Tag habe ich zum ersten Mal gesehen, dass mein Vater meiner Mutter einen zärtlichen Kuss gab. Die zweite Erinnerung ist mit dem Tod der Mutter verknüpft. Bernd: *Einen Tag vor ihrem Tode wollte ich nach meinem Vater sehen, der am Krankenbett „Wache" hielt. Mein Vater bemerkte mich nicht, als ich ins Zimmer eintrat. Er kniete am Bett meiner Mutter, schmiegte seinen Kopf in ihre Hände und liebkoste sie. Er war versunken in seinen Schmerz, und ich hörte ihn mehrmals leise weinend sagen: „Verlass mich nicht, verlass mich nicht". Es war das erste Mal, dass mein Vater seinen Gefühlen freien Lauf ließ. Unbemerkt, wie ich eingetreten war, habe ich mich zurückgezogen.*

Inzwischen ist Bernd ein Millionär der Zärtlichkeit geworden. Als er seine Frau kennen lernte, schrieben sie sich zwei Jahre lang jede Woche mehrere Briefe: *Ich habe jeden Brief – sie hatten manchmal Parfumgeruch – von ihr als Zeichen der Zärtlichkeit empfunden.* Das hat ihre Beziehung gleichwohl nicht vor einer schweren Krise bewahrt – plötzlich war eine andere Frau und die Sehnsucht nach Herzklopfen im Spiel. Bernd: *Meine Frau und ich haben unsere Liebe neu definiert. Beide haben wir viel Herzblut lassen müssen. Wir haben dabei gelernt, offener und ehrlicher, aber auch intensiver und sinnlicher miteinander umzugehen. Ich darf mir Zärtlichkeit wünschen und fordern! Ich darf auch Nein sagen, wenn mir danach ist! Wir akzeptieren uns gegenseitig und tauschen Zärtlichkeiten aus, wie und wo es uns gefällt. Ich brauche davon nicht zu träumen. Ich wünsche mir nur, dass wir beide uns im hohen Alter noch Zärtlichkeit zukommen lassen.*

Bernd ist auch zärtlich zu sich selbst geworden: *Wenn ich gestresst bin und mir etwas Gutes tun will, kann ich das am besten mit klassischer Musik. Diese Musik, in Ruhe und Alleinsein genossen, ist für mich Entspannung pur – als ob einem ein Engelchen zärtlich über die Seele pinkelt!*

Früher, zu Beginn der Beziehung mit Beate, hat Bernd oft Zärtlichkeit mit dem Wunsch nach Sex verwechselt. Dies führte zu Störungen. Von Beate hat er die richtige Zärtlichkeit, die auch mit Grenzsetzung verbunden ist, gelernt. Was Bernd heute lebt, das möchte ich jedem Mann wünschen. Es ist die neue Art, Mann zu sein. Bernd: *Ich streichele meine Frau gern, kraule sie im Vorbeigehen gerne mal kurz am Po; wir nehmen uns bei unseren Spaziergängen oder auch auf kurzen Wegstrecken innerhalb unseres Ortes immer an der Hand. Bevor ich einschlafe, suche ich Körperkontakt mit meiner Frau, auch wenn ich nur meine Hand an ihren Arm lege. Ich nehme sie gern in den Arm, wenn ihr danach ist und halte sie einfach.*

Mathias, du hast so oft von einem „Kachelofen auf zwei Beinen" gesprochen – der möchte ich für meine Frau und meine Kinder sein. Ich will Wärme und Geborgenheit geben – so wie ich sie früher bei meiner Mutter gesucht habe. Vielleicht suche ich dadurch selbst immer noch Wärme. Der Nachholbedarf ist groß. Mir fällt ein Ausspruch der verstorbenen Prinzessin Diana ein. Sie wurde einmal gefragt, warum sie so gerne die (behinderten) Menschen lieb hält und drückt. Sie soll sinngemäß gesagt haben, „Weil ich dann auch gehalten werde". Wer Zärtlichkeit gibt, empfängt sie auch. Nicht die aufgezwungene Zärtlichkeit (das wäre Nötigung!), sondern die Zärtlichkeit aus dem Herzen, die niemanden einengt und niemals verletzt. Sie signalisiert vielmehr, wie wertvoll der Mensch für mich ist, den ich berühre und dem ich Halt gebe.

Geben und Nehmen in der Zärtlichkeit hat unendlich viele Facetten. Einige besonders schöne erlebte Sybille bei Vater, Mutter – und ihrem Hund: *Wenn mein Vater müde von der Arbeit am Abend nach Hause kam und auf dem Sofa einschlief, deckte ihn meine Mutter zu. Er seinerseits brachte ihr jede Woche Blumen. Wenn ich viel für Prüfungen lernen musste, trat meine Mutter leise hinter mich und gab mir sanft ein Bussi auf den*

Nacken. Wenn ich traurig war, merkte das unser Hund und kam zu mir, leckte mich ab und legte den Kopf auf meinen Schoß.

Was Sybille als schönste Zärtlichkeit empfindet? Sie ist ein Morgenmuffel. Ihr Mann weiß das – und „liebt" sie in den Tag hinein: *Mein Mann ist immer schon vor mir wach. Er sagt, „mein Sonnenschein", kommt, lacht mich an, umarmt mich ganz fest, drückt mich.*

Supernova

Ich singe den Leib, den elektrischen …
Kopf, Hals, Haar, Ohren, Ohrläppchen und Trommelfell,
Augen, Augenwimpern, Augenstern, Augenbrauen und
das Wachen und Schlafen der Lider,
Mund, Zunge, Lippen, Zähne, Mundhöhle, Kinnbacken und
die Scharniere der Kinnbacken,
Nase, Nasenlöcher und Scheidewand,
Wangen, Schläfen, Stirn, Kinn, Kehle, Nacken und Nackenwirbel …

Walt Whitman
(1819 – 1892)

Am meisten habe ich mich bei der Lektüre der Antworten zu diesem Buch auf die Enthüllungen bei meiner letzten Frage gefreut: *Erinnerst du dich an das schönste Zärtlichkeitserlebnis in deinem Leben?* Es kamen so köstliche, schnurrige, zärtliche, kühne und überraschende Berichte, dass man daraus allein ein Buch machen könnte. Da detonierten regelrecht zärtliche Feuerwerke. Sie erhellen noch Jahrzehnte nach ihrer strahlenden Eruption, wie eine Supernova, ein ganzes Lebensuniversum. Solchen kosmischen Offenbarungen von Zärtlichkeit gilt Nietzsches Wort (aus: *Die Unschuld des Werdens*) *Ein Stern ging unter – aber sein Licht ist noch unterwegs.*

Auf See erlebte Laurenz sein unvergessliches Zärtlichkeitserlebnis. Es ereignete sich inmitten von Trauer und Verzweiflung. Seine Frau war mit dreiundfünfzig Jahren an Krebs gestorben. Die beiden Kinder studierten auswärts. Laurenz kannte nur noch seinen Beruf als Optiker und seine Einsamkeit zu Hause. Auf Anraten seines Hausarztes buchte er schließlich eine Kreuzfahrt, um sich von seinem Schmerz abzulenken. Doch selbst auf dem Schiff kapselte er sich ab. Da geschah es.

Laurenz: *Am Tisch saß eine Frau in meinem Alter, Christa. Sie hatte zu Hause eine Damenboutique. Sie war zierlich, aber auch energisch und lebensfroh. Nach einem „bunten Abend" bat sie mich um einen Tanz. Das konnte ich schlecht ablehnen. Sie tanzte ganz ruhig mit mir, ohne ein Wort zu sagen. Ich merkte, dass ich das genoss. Sie fühlte sich so weich an und roch gut nach einem dezenten Parfum. Danach schlug sie vor, wir sollten noch etwas an Deck Luft schöpfen. Das Schiff befand sich im östlichen Mittelmeer, in der Nähe von Zypern. Die Luft war seidenwarm, die Sterne funkelten an einem wolkenlosen Himmel.*

Plötzlich brach alles heraus aus mir. Ich erzählte Christa vom Tod meiner Frau, dem langen Krankenlager, dem Kampf gegen den Krebs, der Beerdigung und meiner zweijährigen Einsamkeit. Ich glaube, ich habe zwei

Stunden nur gesprochen, und Christa hörte einfach nur zu. Während der ganzen Zeit, legte sie ihren Arm um mich. Als ich weinte, streichelte sie mich und wischte mir mit ihrem Taschentuch die Tränen ab. Obwohl so viel Trauer in mir war, fühlte ich mich selig und wie ein Kind geborgen. Danach fragte sie mich. „Ich möchte gerne heute Nacht bei dir bleiben und dich beschützen, ist dir das recht?" Wir blieben diese Nacht und alle weiteren der Kreuzfahrt zusammen. In dieser ersten Nacht passierte sexuell überhaupt nichts. Wir lagen nur mit unserer nackten Haut zusammen und hielten uns fest umschlungen. Christa erzählte mir die Geschichte ihrer Ehe und Scheidung. Sie weinte, und diesmal konnte ich sie trösten. Wir haben das Frühstück verschlafen, weil wir bis fünf Uhr morgens miteinander sprachen. Christa küsste immer wieder meine Hände und meine geschlossenen Augen. Das hat mich unbeschreiblich zart angerührt. Heute sind wir verheiratet. Wir tragen das Geheimnis dieser köstlichen ersten Nacht unauslöschlich in unseren Herzen. Sie war der Beginn unserer Liebe.

Was ich als Mann beim Lesen dieser hinreißenden Erinnerungen wieder einmal gelernt habe, ist das, was die meisten Frauen längst wissen: Zärtlichkeit ist nicht gleichbedeutend mit Sex! Zärtlichkeit kann mit Sexualität verbunden sein, muss es aber nicht. Isolde erinnert sich an eine platonische Freundschaft mit einem begehrenswerten Mann in jüngeren Jahren: *Bei einem seiner Besuche waren wir in einer sehr „beflügelten" Stimmung. In meinem Zimmer herrschte eine besondere, weltabgewandte Atmosphäre. Ich weiß nicht mehr genau, wer wen fragte. Ich glaube, er mich, und zwar, dass er mich gerne berühren möchte. Nach meiner Bitte und gegenseitigem und eher sprachlosem Übereinkommen, keine intimen Bereiche zu berühren, haben wir uns in mein altes klapperndes Bett gelegt und in so vollkommener Harmonie gestreichelt, ganz sacht, zart, angstfrei, erwartungslos und sehr lange. Seine Art, meinen Kopf zu streicheln, war, als ob er einen Mantel um mich legte, der mich behütet. Dieser Austausch von Zärtlichkeit ließ mir Flügel wachsen. Noch immer bin ich stolz und voller Dankbarkeit, so fühlen und erleben zu können und zu dürfen.*

Mit ihrem zweiten Mann verbindet Ute ein umfassendes Zusammengehörigkeitsgefühl, und das ohne Sexualität: *Gegenseitiges Verständnis für alle Lebensbereiche, keine Eifersucht, Umgang miteinander in liebevoller Weise, Umarmungen und mal ein flüchtiger Kuss, aber keinen Sex. Ich hatte vor drei Jahren eine Totaloperation.* Gleichzeitig erlebte Ute ihr schönstes Zärtlichkeitserlebnis, das sich lediglich, aber mit überwältigender Intensität, in ihrer Fantasie abspielte: *Auweh, es ist erst kurze Zeit her und fand über ein paar Jahre statt. Ich war verbotenerweise heimlich verliebt. Ich habe es, so gut es ging, geheim gehalten (außer gegenüber meiner Freundin) und irgendwie mit allen Höhen und Tiefen erlebt und verarbeitet. Es war eine schöne und schwere Zeit. Ich konnte mich nicht wehren gegen dieses Gefühl, fühlte mich hilflos wie eine Siebzehnjährige und war der Ausstrahlung dieses Mannes völlig erlegen. Ich hoffe, er hat das nie bemerkt, denn ich arbeite heute noch mit ihm zusammen. Im Traum gab er mir einmal einen Kuss, den schönsten, den ich je im Leben bekommen habe. Ich empfand ihn noch am anderen Morgen nach dem Aufwachen als das tollste Zärtlichkeitserlebnis überhaupt. Eine Form der verliebten Zärtlichkeit; oh Gott, im Nachhinein ist es mir fast peinlich.*

Ich singe den Leib, den elektrischen …, rühmt der große amerikanische Lyriker Walt Whitman (1819 – 1892). Mit Worten liebkost er den Tempel des Körpers vom Kopf bis zu den Nackenwirbeln. Der Körper bildet eine einzige Projektionsfläche für Zärtlichkeit. Ina erinnert sich an ihre Kindheit – verstohlene Momente mit den Geschwistern, zwischen Verwirrung und Glück: *Wenn wir ein Tier gestreichelt haben und sich dabei unsere Hände berührten. Oder bei dem Spiel „Wörterraten“; dabei haben wir mit einem Finger Buchstaben auf den Rücken des Ratenden gemalt.* Wer wüsste nicht, wie zärtlich das auf der Haut kitzelt. Als Ina zum ersten Mal verliebt war, da empfand sie als schönste Zärtlichkeiten, mit den Fingern die Arm- und Handinnenseiten zu streicheln, mit einer Vogelfeder zu liebkosen, den Rücken zu massieren, sich die Haare zu berühren, zu kämmen und damit zu spielen, mit dem Geliebten zu tanzen und ihm dabei zärtlich in die Augen zu schauen, mit ihrer Nase an seiner Nase zu reiben, ihn auf die Stirn zu küssen. Jetzt stellt sie beim Beantworten der Fragen fest: *Ich lasse im Alltag viel zu wenig Zärtlichkeit zu – ich werde das ändern!*

Ihr schönstes Zärtlichkeitserlebnis? Ina: *Ich habe einen wunderschönen Urlaub in Griechenland erlebt. Die ersten beiden Wochen habe ich mit Freundinnen verbracht. Als sie abgereist waren, kam mein Freund für eine Woche nach. In den letzten gemeinsamen Urlaubsstunden waren wir zusammen am Strand und haben auf seine Fähre gewartet. Wir haben ein wenig im warmen Meer gebadet und uns dann in den warmen Sand auf die Handtücher gelegt. Ich hatte noch einen Rest Kokossonnenöl. Ich habe meinen Freund genussvoll von Kopf bis Fuß in Zeitlupe eingeölt und er mich. Alles um mich herum und in mir war nur noch warm und sonnig. Als er dann abgereist war und ich meine letzte Urlaubswoche verbrachte, spürte ich noch die ganze Zeit das Kribbeln auf meiner Haut und ich hatte noch lange den Duft von Kokosöl in der Nase. Einfach himmlisch!* Schon wieder Kokosöl! Her damit, liebe Leser!

Es gibt sie tatsächlich: Männer, die Zärtlichkeit nicht mit Sexualität verwechseln! Einer von ihnen, Maximilian ortet sein schönstes Zärtlichkeitserlebnis in der jüngsten Zeit: *Ich kuschelte mit meiner Freundin. Wir lagen nebeneinander und begannen uns zu streicheln. Ich spürte ihre sanften Finger auf meiner Haut, an den Armen und am ganzen Oberkörper. Ich streichelte sie auch. Ihr Bauch aber war etwas Besonderes. Er fühlte sich so weich an. Dann lag irgendwann mein Bauch an ihrem Bauch; es war ein unbeschreibliches Gefühl, ein Gefühl von Verbundenheit und Nähe. Das hatte nichts mit Sex zu tun.*

Sylta erlebte die Zärtlichkeit als einen Akt der Wiedergeburt. Sie erinnert sich: *Heute bin ich siebenundvierzig Jahre alt. Vor fünfundzwanzig Jahren war ich in meinem Lehramtsstudium innerlich ziemlich verwahrlost. Ich hatte eine bittere Liebesenttäuschung hinter mir – mein Jugendfreund hatte mich ohne Vorankündigung verlassen, um mit einer reichen Bankerstochter ein neues Leben im „gehobenen Milieu" zu beginnen. Er war, wie ich im Nachhinein feststellte, ein Opportunist, letztlich nur auf seine Karriere bedacht. Die konnte ich einfache Bäckerstochter aus der Provinz ihm nicht bieten. Meine Trauer und Enttäuschung schlug dann voll durch. Ich habe viel gesoffen und gekifft, ständig in Szenekneipen herumgehangen. Ich habe mit allen möglichen Typen geschlafen, wurde ungewollt schwanger, ließ eine Abtreibung machen. Die Männer verachtete ich als „Schweine", benützte sie aber wie Wegwerfartikel.*

Eines Tages lernte ich im Althochdeutschseminar Andreas kennen. Er hatte pechschwarzes Haar, einen braunen Teint, war zierlich untersetzt und sah aus wie ein Italiener. Ich nannte ihn „meinen schönen Römer". Andreas lieh mir ein Lehrbuch, wir aßen zwei-, dreimal in der Mensa zusammen und unterhielten uns gut. An einem Abend kam ich, reichlich abgefüllt, von einer Kneipentour zurück. Ich hatte keine Lust, die Nacht allein zu verbringen. Also steuerte ich Andreas Wohnung an und klingelte kurz entschlossen. Das machte ich oft so und riss kurz entschlossen Männer auf. Andreas öffnete mir ziemlich erstaunt. Er roch wohl auch meine Fahne. Ich sagte, ich sei müde, zog mich rasch aus und legte mich in sein Bett. Ich wollte ihn „vernaschen" und danach meine Ruhe haben. Doch Andreas kam zwar ins Bett, aber er behielt einen Morgenmantel an. Als ich an ihm herumfummelte, legte er meine Hand zurück. Freundlich aber bestimmt meinte er: „Nicht so schnell". Er streichelte mein Haar, küsste mir wie einem Kind auf die Wangen und sagte nur: „Schlaf dich aus." Am nächsten Morgen weckte Andreas mich liebevoll mit einem Kaffee und frischen Brötchen. Er unternahm keinerlei körperliche Annäherung. Seine Zurückhaltung imponierte mir. Das war ich von Männern nicht gewöhnt. Ich hatte sie ja auch ständig angemacht.

Mir kam die Idee, Andreas zu „testen". Drei Wochen kam ich jeden Abend spät auf seine Bude. Er kochte mir einen Tee, brachte mich wie ein Kind zu Bett, gab mir einen Gute-Nacht-Kuss und ließ mich in Ruhe. Jeden Morgen machte er uns ein liebevolles Frühstück. In der Nacht legte er beschützend seine Arme um mich. Von Nacht zu Nacht fühlte ich mich mehr verzaubert von diesem sanften Mann und seiner Rücksicht. An der Uni schwebte ich wie auf Wolken und konnte den Abend nicht erwarten. Nach drei Wochen nahm mich Andreas vor dem Schlafengehen in die Arme. Er schaute mir ernst in die Augen und fragte mich: „Was ist mir dir los, Sylta? Dir geht es doch nicht gut!" Da heulte ich Rotz und Wasser und erzählte ihm von meiner verkorksten Liebesgeschichte und allen grässlichen Typen in meinem Leben. Andreas hörte geduldig zu. Er hielt meine Hand fest. Spät nach Mitternacht eröffnete er sich mir. Er sagte: „Ich liebe dich. Ich meine es ernst. Ich will kein Mann nur fürs Bett sein." Es wurde eine Liebe über mehrere Jahre. Ich bin seelisch wieder gesund geworden und habe meinen Männerhass und meine Unstetigkeit abgelegt. In jener Nacht liebten wir uns zum ersten Mal. Andreas war so zärtlich und so respektvoll zu mir. Ich habe geweint vor Glück. Diese Nacht werde ich nie vergessen.

Menschen, die einen sexuellen Missbrauch erlebt haben oder in ihrer Kindheit sexuell ausgebeutet wurden, fühlen sich oft innerlich wie tot. Sie haben zwar Sexualität, aber irgendetwas stimmt für sie dabei nicht. Sie nehmen die Welt wie durch eine Glaswand wahr. Das heißt, sie berühren den Partner in Wirklichkeit nicht. Sie lassen sich auch von ihm nicht wirklich an- und erfassen. Ein Wunder des kreativen Lebens ist es, wenn auch diese *Überlebenden,* wie sie sich in den Selbsthilfegruppen nennen, eines Tages aufbrechen, die Glaswand zerschlagen und wieder in die Liebe gehen.

Bei Senta durfte ich dies als Therapeut mitverfolgen. Neun Jahre lang ging sie in eine Frauenselbsthilfegruppe und beschloss ihre ebenso mutige wie zähe Seelenarbeit mit einer Therapie bei mir, in die sie den Missbraucher zur Konfrontation und, erfolgreich, zur Aussöhnung holte. Senta ist mir als Inbegriff einer tapferen und liebesfähigen Frau ans Herz gewachsen. Sie erinnert sich an ihren Weg zur Wiedergeburt der Zärtlichkeit: *Nach dem Ende einer langjährigen Beziehung, als es mir auf Grund meiner Missbrauchserfahrung noch fast unerträglich war, andere Menschen zu berühren oder zu umarmen, habe ich eine alte Beziehung reaktiviert und mir als Geliebte regelmäßig wundervolle Stunden voller Zärtlichkeit „gestohlen" mit einem Mann, mit dem ich ansonsten nicht viel gemein hatte. Aber er war ein zärtlicher Liebhaber, mit dem das Vorspiel oft Stunden gedauert hat – etwas, was ich danach nie wieder erlebt habe.*

Zärtlichkeit hat für Senta eindeutig „weiblichen" Charakter: *Damit will ich nicht sagen, dass Männer nicht zärtlich sein können, aber ich habe immer das Gefühl, dass sie sich „auf unsere Seite" begeben, wenn sie zärtlich sind. Es ist vielleicht eher so, dass viele Männer es vom Kopf her nicht zulassen, so zärtlich zu sein, wie es ihrem inneren Gefühl entspräche, eben weil auch bei ihnen noch diese traditionellen Vorgaben lebendig sind, wie ein Mann zu sein hat, beziehungsweise nicht zu sein hat – weich und gefühlvoll nämlich.*

Senta ist einen langen Weg zur Zärtlichkeit gegangen: *Auf Grund des sexuellen Missbrauchs in meiner Kindheit konnte ich jahrelang nicht ertragen, außer von meinem jeweiligen Sexualpartner, in irgendeiner Weise berührt zu werden. Einmal bin ich in Panik geraten, weil ein Verkäufer in einem türkischen Basar mich am Oberarm angefasst hat. Ich mochte bis vor einigen Jahren nicht einmal von lieben Menschen umarmt werden. Die Vorstellung, etwa eine entspannende Massage von einer guten Freundin zu bekommen, hat bei mir eher Verspannungen ausgelöst und war mir regelrecht zuwider. Durch die Liebesbeziehung zu einem türkischen Mann habe ich gelernt, dass die Türken zum Beispiel viel weniger Berührungsängste im Umgang mit ihren Mitmenschen haben und oft im Gespräch ihr Gegenüber anfassen und allgemein mehr Körperkontakt pflegen, allerdings nur gleichgeschlechtlich. Das fand ich grundsätzlich positiv und irgendwie ziemlich beneidenswert.*

Am Ende ist Senta vom schönsten Zärtlichkeitserlebnis in ihrem Leben geheilt worden: *Mit meinem jetzigen Partner Albert war ich gerade erst zwei Monate zusammen, als ich ihn während unseres ersten gemeinsamen Urlaubs mit großem Herzklopfen vom Missbrauch in meiner Kindheit erzählt habe. Seine Reaktion war so beruhigend: Er hörte mir geduldig zu. Als ich fertig war, nahm er meine kleine Frauenhand in seine große rissige, vom jahrelangen Schlosserberuf gezeichnete Hand. Er sah mich an und sagte nur: „Diese Hand" (Alberts Hand) „ist zwar keine schöne Hand – aber es ist eine starke Hand." Mehr brauchte er auch gar nicht zu sagen, weil ich sofort wusste: „Es stimmt. Bei ihm wird mir nichts passieren." Die Erinnerung an diese Szene löst noch heute Gänsehaut bei mir aus, so intensiv habe ich diesen Augenblick erlebt.*

Von dem liebesfähigen Albert können, so scheint es mir, wir Männer nur lernen: *Ein anderes wundervolles Erlebnis hatte ich mit Albert nur zwei Wochen später. Völlig überraschend hat er einmal ohne Vorwarnung meinen Kopf sanft in beide Hände genommen und mir bedeutet, mich in seinen Schoß zu legen. Dort hat er dann ganz zart meine Stirn gestreichelt – ohne ein Wort. „Weil du so unruhig ausgesehen hast", war später seine Erklärung. Ich konnte loslassen und entspannen und war gleichzeitig erfüllt von seiner Liebe. Es tat so gut, und ich fühlte mich dabei wundervoll umsorgt.*

Eros und Zärtlichkeit ergeben, zusammengenommen, eine explosive Mischung. Nietzsche meint (in *Also sprach Zarathustra*): *Man muss noch Chaos in sich haben, um einen tanzenden Stern gebären zu können.* Chaos und Zärtlichkeit erlebte der Student Werner an einem einzigen Tag. *Vor einem Jahr erlebte ich einen rabenschwarzen Unglückstag. Am Morgen, auf dem Weg in die Universität, missachtete ich ein Vorfahrtsschild und rammte ein Auto. Ich musste zu Fuß weiter, denn mein Wagen wurde in die Werkstatt abgeschleppt. An der Uni vergeigte ich eine juristische Klausur. Kaum hatte ich die Arbeit abgegeben, wusste ich schon, dass ich den Fall falsch gelöst hatte. In der Mensa kippte ich mir Spaghettisauce über die Hose. Bei der Bank erfuhr ich, dass mein Monatswechsel noch nicht überwiesen war. Dieser Tag verlief wie eine schwarze Filmkomödie; es war zum Verrücktwerden. In meiner Not habe ich mein Handy genommen und Britta angerufen. Sie war eine Kommilitonin, die ich verehrte, aber ohne Erfolg. Ich fand Britta spröde und unnahbar.*

Ich erreichte Britta und erzählte ihr ziemlich kleinlaut von meiner Unglücksserie. Sie sagte nur: „Ich komme gleich bei dir vorbei." Eine halbe Stunde später stand sie bei mir und hatte eine Pizza vom Italiener und Wein mitgebracht. „Unglücke muss man feiern", meinte sie stoisch. Nach dem Essen sagte sie: „Und jetzt kommt der Nachtisch." Ich wurde blass vor Erstaunen – sie begann, mich aus meinen Sachen zu schälen, zog sich selbst aus und schlüpfte mit mir in mein Bett …

Auf meine Frage, warum sie sich so überraschend für mich geöffnet habe, erwiderte Britta: „Bis heute habe ich dich für ein arrogantes Arschloch gehalten, einen Angeber. Aber als du mir so niedergeschlagen von deinen Unglücken berichtetest, da kam auf einmal der kleine Junge in dir durch. Den liebe ich!" Inzwischen wollen Britta und ich zusammenbleiben und ein Kind haben. Sie hat mir die wichtigste Lektion meines Männerlebens erteilt.

In den Erinnerungen der Schriftstellerin Monika Mann (*Vergangenes und Gegenwärtiges. Erinnerungen*), einer Tochter Thomas Manns, fand ich den Satz: *Übrigens glaube ich, dass die Liebe bei all ihrem selbstischen, oft sogar terroristischen Wesen im Grund ein rein dienendes Phänomen ist, da sie das Leben trägt.* Das ist wohl auch das tiefste Geheimnis der Zärtlichkeit. Hella bekräftigt diese Erkenntnis, indem sie schreibt: *Das schönste Zärtlichkeitserlebnis in meinem Leben hatte ich unmittelbar nach der (schweren) Geburt unseres Sohnes, als ich ihn – noch an der Nabelschnur hängend – als unendlich bedürftiges Menschlein in die Arme schließen durfte. Gleich darauf gab es Sekt für alle Beteiligten zum Empfang auf dieser Erde, auch für ihn!*

Welche Liebe wäre tiefer, als die bei der Geburt eines Kindes entstehende? Jedes Kind ist ein zärtlicher Neuanfang für die Welt.

Abendgabe

Die Menschen haben es jetzt in der Beherrschung der Naturkräfte so weit gebracht, dass sie es mit deren Hilfe leicht haben, einander bis auf den letzten Mann auszurotten. Sie wissen das – daher ein gut Stück ihrer gegenwärtigen Unruhe, ihres Unglücks, ihrer Angststimmung. Es ist zu erwarten, dass die andere der beiden „himmlischen Mächte", der ewige Eros, eine Anstrengung machen wird, um sich im Kampf mit seinem ebenso unsterblichen Gegner zu behaupten.

Sigmund Freud
Das Unbehagen in der Kultur

Das Glück der zärtlichen Herzensbewegung bei der Geburt eines Kindes ist Morgen- und Abendgabe zugleich: Indem wir Eltern werden, nehmen wir eine Morgengabe des Lebens in Empfang, während wir zugleich unser unumkehrbares Älterwerden und damit unsere Endlichkeit und Sterblichkeit spüren. So gesehen und vor allem in seinem Erwachsenwerden, wird das Kind zur Abendgabe unseres Lebens.

Während ich dies in der warmen Sonne am Lago Maggiore schreibe, schläft Halva, die zärtliche schwarze Riesin, friedlich schnarchend unter meinem Tisch. Ihr Kopf ruht auf meinem linken Fuß, und ich denke an die Morgen- und Abendgaben in meinem Leben … Meine vier Geschwister und ich, damals vier Jahre alt, bekamen von unseren Eltern einen zwei Monate alten Neufundländer geschenkt. Gentleman liebte uns, wir liebten ihn. Seine Zärtlichkeit ist mir unvergesslich: Er fuhr mir liebevoll mit der Zunge durchs Gesicht, er schlief am Fußende meines Bettes, er sprang bei der Heimkehr von der Schule an mir hoch und wedelte raumgreifend mit seinem Schwanz. Heute, über ein halbes Jahrhundert später, ist es Gentlemans „Reinkarnation“, die zärtliche Neufundländerin Halva, die fröhlich Schabernack mit mir treibt, die mit ihrer kalten Nase meinen Fuß stupst und mit ihrem warmen Atem darüberbläst …

Vielleicht muss man älter werden, um dieses Meer von Zärtlichkeiten, die das Leben bietet, zu entdecken. Lara hat vergeblich bei ihren Eltern nach Liebe gehungert und als Alkoholikerin wertvolle Jahre ihres Lebens verpasst: *Während meiner nassen Phase habe ich sicher nicht so zärtlich sein können. Daher habe ich bis heute ein schlechtes Gewissen. Das hat die Entwicklung der Kinder natürlich negativ beeinflusst.*

Ihr Verlobter ist vor Kriegsende bei Berlin gefallen: *Kurzes Glück. Ich bin aber dankbar, dass ich diese schöne Zeit erleben durfte.* Zwischen Lara und ihrem heutigen, guten und treuen Ehemann war die Zärtlichkeit über eine lange Ehe hinweg Mangelware: *Mit meinem Mann ist das ganz merkwürdig. Er hat immer zu mir gehalten, und ich spürte auch, dass er mich lieb hatte. Allerdings hat er mir dreißig, vierzig Jahre kaum Zärtlichkeit geben können. Auch er hat es als Kind nicht gelernt, sich anderen gegenüber zu öffnen.* Aber im Alter entdecken ältere Paare oft das Geschenk seelischer Harmonie und Vertrautheit. Auch bei diesem über siebzigjährigen Paar ist es so. Lara: *Seitdem wir „in Rente" sind und der Sex bei uns keine Rolle mehr spielt, hat sich mein Mann verändert. Plötzlich streichelt er mich oft. Er sagt liebe und zärtliche Dinge zu mir. Er krault mir den Rücken. Richtig schön ist es jetzt. Dreiundfünfzig Jahre sind wir verheiratet und leben friedlich miteinander. Die Zärtlichkeiten tun richtig gut und erwärmen das Herz*

So wird das Alter zur Chance, nicht zur Erstarrung. Denn wie sagt das indische Sprichwort: *Ein Mensch, der nichts gelernt hat, altert wie ein Ochse. Sein Fleisch nimmt zu, sein Wissen nicht.*

Wie schlimm ist es, das Lebensende auf sich zukommen zu sehen, und rings um sich keine Zärtlichkeit zu spüren. Bruni droht zu resignieren: *Mein Mann ist krank und hat Angst, wenn er mich in den Arm nimmt, dass ich mehr von ihm will. Ich habe es aufgegeben, von Zärtlichkeit zu träumen.*

Tu das nicht, liebe Bruni. Mach es lieber wie Erhard, ein kluger Klient von mir: Der gelernte Altphilologe und seine Frau schliefen schon seit langer Zeit nicht mehr miteinander und tauschten auch sonst so gut wie keine Zärtlichkeiten miteinander aus. Eines Tages, im Urlaub in Südtirol, standen sie gemeinsam vor einem alten Bauernhaus, an dessen Südseite eine Sonnenuhr angebracht war. Erhard las darunter den in gotischer Fraktur gemalten Sinnspruch *sicut umbra fugit tempus.* Das heißt, etwas frei übersetzt: *So wie der Schatten wandert, entflieht uns die Zeit.* Erhard:

Ich las und spürte plötzlich, wie mir die Tränen die Wangen herunterliefen. Meine Frau reagierte bestürzt: „Was ist los mit dir?" fragte sie. Ich übersetzte ihr den Spruch und sagte: „Liebes, wenn die Sonnenuhr unseres Lebens erlischt, steigen wir beide lieblos ins Grab. Ist das nicht furchtbar?" Da begann sie auch zu weinen. Wir nahmen uns seit Jahren erstmals wieder tief in die Arme. Am gleichen Abend hatten wir ein langes Gespräch. Ich erzählte ihr mein Leid, und ich erfuhr, dass sie an meiner Sprachlosigkeit und meinen Rückzügen in mein Arbeitszimmer innerlich fast gestorben war. Wir haben uns noch vor Mitternacht an diesem denkwürdigen Tag ausgesöhnt und in diesem Urlaub begonnen, wieder miteinander zu schlafen. Vor allem aber waren wir zärtlich, von morgens bis abends, unersättlich. Es war, als ob ein Damm gebrochen wäre und alle Zärtlichkeit dieser Welt zu fließen begonnen hätten. Meine Frau sagte etwas Schönes damals: „Deine Tränen haben dich und mich erlöst."

Vielleicht entspricht dem Abend des Lebens auch eine Philosophie des Abends. Sie könnte, wie wir am Anfang dieses Buches gesehen haben, den Abschied vom männlichen, emotionslosen Intellekt bedeuten. Der große Rationalist René Descartes (1596–1650) *entwertete* als Philosoph die Emotionalität für Jahrhunderte. Er definierte die Liebe als einen niederen, körperlich determinierten Zustand, der dem klaren, vernunftgesteuerten Denken im Weg stehe. Dagegen hat es aber auch immer Denker gegeben, die, wie beispielsweise Blaise Pascal (1623–1662), eine Art *logique du coeur,* eine Logik des Herzens beschworen.

Sigmund Freud beschwor die Urkraft des *Eros,* der Liebeskraft und Liebesfähigkeit, gegen den Sog des *Thanatos,* des Todestriebes. Der zärtliche Eros tröstet uns nicht nur über die Zerbrechlichkeit und Endlichkeit unserer Existenz, er macht uns auch hell und einsichtig.

Volker, ein Röntgenologe im Ruhestand, achtundsechzig, schreibt:

Ich bin zum zweiten Mal verheiratet. Meine erste Frau starb bei einem Verkehrsunfall. Ich habe damals lange getrauert, weil ich sie so liebte. Jetzt bin ich schon wieder über zwanzig Jahre verheiratet. Noch nie war ich so zärtlich wie heute, aber auch Gundel ist eine einzige Schmusebärin. Wenn ich die Wahl bedenke, die ich mit der Heirat dieser beiden Frauen in meinem Leben getroffen habe, wird mir jetzt rückblickend einiges über mich klar: Ich habe – in einem guten, nicht im ödipalen Sinne – jeweils meine Mutter wieder geheiratet. Meine Mutter war eine verschwenderisch großzügige, warmherzige, von der Liebe um meine Schwester und mich erfüllte Frau. Sie war (wie meine beiden Frauen) berufstätig, als Architektin, und fand doch viel Zeit für uns. Noch spät abends konnte sie uns Kleinen einen Toast machen, einen Tee kochen und ihn uns ans Bett bringen. Noch am Vorabend ihres Todes – sie schlummerte aus einem völlig gesunden Leben heraus über Nacht in die Ewigkeit – kochte sie Gundel und mir mein Lieblingsgericht – Wiener Schnitzel, Salat und Kartoffelpüree – und deckte festlich mit Kerzen auf. Als wir aufbrachen, packte sie mir noch ein kaltes Schnitzel ein („Das braucht Gundel nicht zu wissen, das kannst du in der Praxis essen") und küsste mich und Gundel, die sie in ihr Herz geschlossen hatte, richtig ausgiebig. „Ich brauche das", sagte sie lachend. Genauso lieb war meine verstorbene Frau und ist es Gundel. Ich habe die richtigen Frauen gesucht und gefunden. Meine Mutter war der verlässliche Kompass auf diesem Weg.

So ist es. Ortega y Gasset beschreibt in seinem Buch *Triumph des Augenblicks – Glanz der Dauer* diesen orientierenden Impuls der Zärtlichkeit bei der Wahl des Partners: *In der Wahl der Geliebten enthüllt der Mann, in der Wahl des Geliebten die Frau ihren wesentlichen Seelengrund. Der Menschentypus, den wir in dem anderen Wesen bevorzugen, kennzeichnet die Beschaffenheit unseres eigenen Herzens. Liebe ist eine Flutwelle, die aus den unteren Schichten unserer Person aufwallt und, wenn sie an die sichtbare Oberfläche des Lebens gelangt, Algen und Muscheln der Tiefe heraufspült. Ein guter Naturkenner kann sich anhand dieses Materials ein Bild von dem Meeresboden machen, aus dem es stammt … So ist die Liebe ihrem eigenen Wesen nach Wahl, und da sie aus dem Kern der Person, aus der Seelentiefe aufsteigt, sind die Auswahlprinzipien, die über sie entscheiden, zugleich die innersten und geheimsten Wertungen, die unseren individuellen Charakter formen.*

Vor allem wir Älteren sollten Zärtlichkeit als Abendgabe des Lebens begrüßen und die Welt um uns mit liebevollen Gefühlen besetzen. Konstantin gesteht: *Ich bin Diplomingenieur, jetzt auf Rente. Mein Leben lang habe ich nur gearbeitet und mich „sachlich" den Dingen gewidmet. Menschen waren für mich Bilder eines Prozesses, Kollegen, Nachbarn, Verkehrsteilnehmer. Steif wie ein Kolonialoffizier bin ich durchs Leben gegangen. Ein Händedruck war die äußerste Gefühlsbezeugung für mich. Jetzt arbeite ich mit anderen pensionierten Männern an einem Entwicklungshilfeprojekt in Afrika mit. Wir sammeln viel Geld, und da wir überwiegend aus der technischen Branche stammen, helfen wir in Zentralafrika bei Entwässerungs- und Energieprojekten. Wir greifen zur Schaufel, wir reparieren die von uns finanzierten Maschinen. Da geht es lustig zu.*

Am Abend tanzten wir einmal in der Woche mit den Männern des Dorfes. Ja, du hast richtig gelesen. Die afrikanischen Männer tanzen oft untereinander. Sie sind unglaublich ausgelassen dabei. Sie lachen viel und umarmen sich zärtlich. Das hat auf uns deutsche Männer abgefärbt. Wir sind richtig tanzwütig geworden und genießen dabei die männliche Berührung. Darüber sprechen wir sogar.

Zum ersten Mal seit Jahrzehnten habe ich auch wieder einen Freund, nein zwei – einen Afrikaner und einen Deutschen. Sie legen oft den Arm um mich, und wenn wir uns wiedersehen, küssen wir uns. Früher hätte ich dabei Angst gehabt, schwul zu sein. Jetzt genieße ich die Zärtlichkeit. Meine Frau sagt: „Seitdem du Afrika und deine Freunde hast, bist du wie ein verliebter junger Mann. Du sorgst selbst für dich. Ich muss dich nicht mehr seelisch aufpäppeln. Weil du ohne mich in Afrika bist, kriege ich richtig Sehnsucht nach dir. Ich bin neu verliebt in dich."

Sich finden ist ein großes Glück, kann man da nur mit der Kabarettistin Lore Lorenz sagen, *sich behalten ist harte Arbeit.* Herbert, Rentner, verheiratet, lebt nach dem Ende der ehelichen Sexualität die Zärtlichkeit in einer Außenbeziehung als pure Energie: *Nach dem Besuch einer Veranstaltung habe ich mit meiner Freundin noch einige Stunden in stiller Harmonie bei ihr zu Hause verbracht. Wir lagen auf der Couch und hielten uns umarmt. Ab und zu hatte ich das Bedürfnis, meinen Kopf an ihrer Schulter anzulehnen, die Augen zu schließen, mich einfach fallen zu lassen und zu träumen. Kerzen spendeten ihr warmes Licht, und unseren Durst stillten wir mit duftendem Kräutertee. Eine romantische Stimmung lag im Raum und hüllte uns ein. Wir haben uns berührt, gestreichelt, zärtliche Küsschen ausgetauscht; keiner von beiden hatte ein Verlangen nach mehr. Ich hatte ein Gefühl, als wären wir in einer Art Energieblase gehüllt, die uns gegen alles schützte, was uns von außen hätte beeinträchtigen können.*

Hannelore, die zarte, mittlerweile siebzigjährige Rheinländerin, bekennt voller Dankbarkeit, *dass ich nie ohne Zärtlichkeit auskommen musste.* Das ist eine erstaunliche Feststellung, weil ihr Mann einige Jahre eine Freundin hatte und Wochenende für Wochenende bei ihr verbrachte.

Hannelore hat nicht resigniert, sondern hat sich von der Zärtlichkeit finden lassen: *Vor vier Jahren habe ich auf einer Reise einen wundervollen und schönen jungen Mann kennen gelernt. Groß, sportlich, braun gebrannt, zurückhaltend und bestimmt der Schwarm jeder Schwiegermutter. Er war unser Reisebegleiter und bei uns allen beliebt. Ein Ehepaar unserer Gruppe benahm sich ihm gegenüber jedoch gar nicht gut. Am Ende unserer Reise standen er und ich als Letzte und warteten auf eine Taxe, da berichtete er mir davon. Als kleinen Trost habe ich ihn dann zu einem Abendessen in ein nettes Restaurant eingeladen. Er hat mir viel erzählt, und wir haben das auch öfter wiederholt. Und eines Tages sagte er zu mir: „Ich möchte, in Anführungszeichen, dein junger Liebhaber sein.“ Es klang ein wenig schüchtern, aber ich war, ja, wie soll ich dafür ein Wort finden, im Augenblick wie in den Himmel gehoben. Dieses Gefühl habe ich noch sehr lange gehabt. Und wenn er mich in die Arme nimmt und ich seine Millionen blonder Bartstoppeln im Lampenlicht sehe, habe ich das Gefühl wieder, das man hat, wenn man noch ganz jung und verliebt ist. Er ist mir so etwas wie ein Sohn geworden (ich habe keine Kinder). Die Zärtlichkeit, die wir füreinander haben, ist so wunderschön, weil eben absolut ohne sexuelle Gefühle. Ich bin glücklich mit diesem meinem zweiten Leben.*

Das Schönste aber ist, dass die souveräne Hannelore, die ihren Mann in der kritischen Phase seiner Liebe nicht verstieß, sondern auf ihn wartete, ihn auch wiedergefunden hat. Das Motiv der Fürsorge muss kein Hindernis der Zärtlichkeit sein: *Seitdem mein Mann wieder daheim ist – seine junge Geliebte hat ihn plötzlich und für ihn unvorhersehbar verlassen –, gibt es wieder viel Zärtlichkeit zwischen uns, anfänglich, weil er mir in seiner Situation so unendlich leid tat. Ich habe ihn in die Arme genommen und stillschweigend getröstet. Wir sind siebenundvierzig Jahre miteinander verheiratet und kennen einander nun in a l l e n Lebenslagen und fühlen uns wieder sehr verbunden.*

Der Realismus in einer alt gewordenen Liebe ist möglicherweise eine Zärtlichkeit besonderer, weil tief begründeter und wissender Art. Der Dichter Hans Magnus Enzensberger würdigt diese gleichsam alpine Luft der Alterszärtlichkeit mit lakonischen Worten:

Alte Ehepaare

Wer so lange geblieben ist,
macht sich wenig vor.
„Ich weiß, dass ich nichts weiß“:
Auch das ist noch übertrieben.

Alte Ehepaare
haben nichts übrig
für das Überflüssige,
lassen das Unentscheidbare in der Schwebe.

Merkwürdig distanziert,
dieser luzide Blick,
Kühne Rückzüge,
geplant
von langer Hand.

Andererseits hartnäckig
wie der Schachtelhalm.
Resignation –
ein Fremdwort.

Improvisierte Krücken,
Selbsthilfe, Kartoffeln
im eigenen Garten
und im Zweifelsfall,
am Kreuzweg,
die Sauerstoffmaske zur Hand.

Man sieht manches,
wenn das Licht ausgeht.

Die Liebe währt ewig, selbst über den Tod hinaus. Als Hannah begann, meinen in der Zeitschrift *Der Gesundheitsberater* abgedruckten Fragebogen zur Zärtlichkeit zu beantworten, spürte sie Tränen: *Als ich geendet hatte, druckelte ich noch an einigen Tränen herum; dann ging ich zu Bett, und mir fiel ein, ich könnte Roberts Jacke zu mir ins Bett holen.* Robert ist vor elf Jahren plötzlich und unerwartet gestorben, *sodass ich ihn sehr lebendig, nicht leidend erinnere.* Er blieb bis zum Ende ein jugendlicher, erotischer Liebhaber. Hannah erinnert sich: *Wir waren auf der Hochzeitsreise in Borkum. Wir badeten. Mein junger Ehemann wollte mich gerne im Wasser erleben ohne die Hülle des Badeanzugs. Schwupp, die Strömung um Borkum war kräftig. Der Badeanzug wurde uns auf Nimmerwiedersehen entrissen. Der Strand war belebt, Korb an Korb, Burg neben Burg. Mein Lieber holte andere Textilien vom Strand, sodass ich das Wasser verlassen konnte …*

Was aber hat es mit der Jacke auf sich? Hannah berichtet: *Ich war das erste Mal in Roberts elterlicher Wohnung; wir waren in seinem kleinen winkligen Zimmerchen. Das Mobiliar bestand hauptsächlich aus Bett und Klavier. Er spielte mir von Carl Maria von Weber „Die Aufforderung zum Tanz" vor. So viele kleine, leicht beschwingte Trippelschritte griffen mir ans Herz. Diese Gefühlsaufwallung ließ mich meinen Kopf auf seine Schulter legen, während er spielte – und da war der weiche Cordsamt mit von der Partie! Er hat die Jacke lange als Hausjacke getragen, bis das Innenfutter zerschliss. Ich habe sie immer in Ehren gehalten, sie lieb und wert befunden, nie kam der Gedanke an die Altkleidersammlung in mir auf. Dreieinhalb Jahrzehnte später starb dann Robert – mein Gesicht hielt ich an den Cordsamt. Ich entdeckte, wie sein Körpergeruch von dem Stoff aufgenommen und bewahrt wurde … In meinem Schlafzimmer hing mein Morgenmantel an der Wand. Ich hängte die Jacke daneben. Wenn ich bedrückt war, schmuste mein Gesicht mit der Jacken-Front und verspürte leise seinen Duft. Ich nannte diesen Ort „meine Klagemauer".*

Aber mit Robert, den Hannah tief in ihrem Herzen bewahrt, ist die Zärtlichkeit nicht aus ihrem Leben gegangen. Sie findet sie, wie viele Schreiberinnen und Schreiber berichten, unter anderem bei ihren Besuchen im „Dr.-Max-Otto-Bruker-Haus" in Lahnstein, aber vor allem in ihrem emotionalen Umfeld. *Freundinnen, Klassenkameraden meines Mannes und ihre Ehefrauen, Nachbarinnen – wir nehmen uns freudig in die Arme. Ich drücke ihnen auch verstohlen – ich weiß nicht, ob es ihnen recht ist – ein Küsschen aufs Wängelein. Meine Beziehungen liegen auch bei meinen beiden Söhnen. Der eine kommt auch einmal ohne seine Ehefrau angereist für ein paar Stunden. Dann streichele ich ihm, vorsichtig und scheu geworden, über die Wange und über das Haar.*

Hannah hat etwas begriffen, was der Schweizer Pfarrer und Dichter Jeremias Gotthelf (1799 – 1854), der „Shakespeare der Bauernwelt", so formulierte: *Es ist mit der Liebe wie mit den Pflanzen: Wer Liebe ernten will, muss Liebe säen.*

Zärtlichkeit ist, das sehen wir am Ende unseres Schmetterlingsfluges durch die Blütenlandschaft der Liebe, Hingabe an die Welt. Thomas Mann sprach von der *Weltfrömmigkeit* des mit unserer Erde und ihren Bewohnern verbundenen reifen Menschen. Gegen die von der dunklen Existenzphilosophie beschworene Angst als Grundbefindlichkeit setzt diese optimistische Weltsicht auf die schöne Zartheit und Zerbrechlichkeit des Menschen. Wer in der Zärtlichkeit lebt, der beherrscht die Kunst des Liebens. Er lebt im Zustand des reichen Seins, statt des ängstlichen Habens. Der zärtliche Mensch darf sich, durch die Angst hindurch, fallen lassen in die Liebe, die überall dort ist, wo Menschen sich füreinander öffnen und damit dem Tod den Stachel ziehen.

Hermann Hesse, dem ich das letzte Wort geben möchte, würdigt diese existenzielle Zärtlichkeit und das galaktische Vertrauen in das Leben mit anrührend schönen Sternenworten so:

Man hatte vor tausend Dingen Angst,
vor Schmerzen …
vor dem eigenen Herzen,
man hatte Angst vor dem Schlaf,
Angst vor dem Erwachen,
vor dem Alleinsein …
vor dem Tode – namentlich vor ihm, dem Tode.

Aber all das waren nur Masken und Verkleidungen.
In Wirklichkeit gab es nur eines,
vor dem man Angst hatte:
das Sich-fallen-Lassen,
den Schritt in das Ungewisse hinaus,
den kleinen Schritt hinweg.
Über all die Versicherungen, die es gab.

Und wer sich einmal,
ein einziges Mal hingegeben hatte,
nur einmal das große Vertrauen geübt
und sich dem Schicksal anvertraut hatte,
der war befreit.
Er gehorchte nicht mehr den Erdgesetzen,
er war in den Weltraum gefallen
und schwang im Reigen der Gestirne mit.

Mein Dank gilt Andrea Montermann, der kühnen Malerin aus der Eifel, für ihre lebens- und liebessprühenden Illustrationen und die gestalterische Arbeit an diesem Buch. Dankbarkeit erfüllt mich, wie seit Jahren, gegenüber meiner klugen Lektorin und zärtlichen Frau, Ilse Gutjahr-Jung. Mein Sohn, Martin Gutjahr-Jung, versicherte mir, bei der Gestaltung des Umschlags und der Arbeit am Manuskript viel Freude gehabt zu haben – wie sehr fühle ich mich ihm und den engagierten Buchmachern der Druckerei Kösel in Kempten verpflichtet. Wie immer hat Annette Wölwer-Jeckel meine Diktate mit verständnisvoller Gründlichkeit transkribiert und kritisch kommentiert; auch ihr gilt mein dankbarer Respekt. Meine Schwester, die Psychologin Dr. Maria Theresia Jung, gab mir wertvolle Anregungen. Danke!

Ein schönes Buch wie dieses ist ein kollektives Kunstwerk. An ihm waren viele zärtliche Schreiberinnen, Schreiber und Gestalter in jeder Phase der Entstehung beteiligt.

Der Autor:
Mathias Jung

Geboren 1941 in Konstanz, humanistisches Gymnasium bei den Jesuiten in Feldkirch/Österreich, Studium der Philosophie, Germanistik und Pädagogik in Münster, Wien, Bonn. Engagiert in der Studentenbewegung. Promotion über Probleme des Neukantianismus. Als Journalist bei der Friedenszeitung „Deutsche Volkszeitung" Düsseldorf und Lehrbeauftragter an der Fachhochschule Wirtschaft Düsseldorf. Freiberuflicher Publizist. Ausbildung Gestalttherapie/Integrative Therapie bei Prof. Dr. Hilarion Petzold, Graduierung am Fritz Perls Institut Düsseldorf/Hückeswagen. Ausbildung in Systemischer Paartherapie bei Dr. Hans Jellouschek/Tübingen. Seit 1992 Einzel-, Paar- und Gruppentherapeut am „Dr.-Max-Otto-Bruker-Haus" in Lahnstein. Autor zahlreicher Bücher, Vortragsreisen in Deutschland, Österreich, Schweiz.

Die Illustratorin: Andrea Montermann

Geb. 8. 8. 1969
Staatl. Glasfachschule Rheinbach
Ausbildung zur Technischen Assistentin für Gestaltung

Fachhochschule Rheinland-Pfalz, Abteilung Mainz I
9 Semester Studium für Kommunikationsdesign mit den Schwerpunkten Illustration, Freie Grafik, Akt und Werbung

seit 1995 freischaffend als Grafik-Designerin tätig mit der Erstellung von individuellen Firmen-erscheinungsbildern für Unternehmen, Banken, öffentliche Institutionen, die Kultur- und Touristik-Branche, internationale Bike-Branche, Architekten, Musiker & Künstler sowie Kunst- und Buchverlage

Kunst-Ausstellungen und Projekte

- seit 1994 Teilnahme an diversen Gruppenausstellungen innerhalb Deutschlands
- von 1997–2003 regelmäßige „FOK Art"-Ausstellungen, gemeinsam mit dem Bildhauer Peter Mittler; Malerei, Plastiken und Skulpturen
- diverse Kunstprojekte im Ausland zum Thema „Expressiver Emotionismus" in Südfrankreich/Côte Provence und St.Tropez, auf der Insel Korsika sowie in Irland/Ballinskelligs
- Buchveröffentlichung „Zeit für Zärtlichkeit", Mathias Jung mit zahlreichen farbigen Illustrationen
- Erstellung von Kunstkarteneditionen für den Kunstverlag Maria Laach
- zahlreiche illustrierteTitelbilder und Publikationen sowie CD-Cover-Designs

Stil der Malerei

Freie figurative Malerei, wobei die Themen „Akt" und „Collage" immer wieder neu in Szene gesetzt werden. Seit 1996 schafft die Künstlerin ihre Werke unter der eigenen Bezeichnung: „Expressiver Emotionismus©". Die Farbkompositionen und Pinselführungen entstehen aus einer meist spontanen und emotionalen Intuition heraus, in der die eigenen Gefühle zur neuen Bildsprache werden. Es besteht die Absicht der freien Interpretation der Werke, in der neue Stimmungen und Emotionen beim Betrachter erzeugt werden sollen.
Die Malereien schicken den Betrachter auf eine Fantasiereise und führen ihn zur Begegnung mit seinem „Inneren Selbst". Sie beflügeln und berühren die Seele und lassen viel Spielraum zu Entdeckungen in oftmals versteckten Details und expressiven Farben.
Die Werke entstehen in Mischtechniken aus Öl, Acryl, Kreide, vorzugsweise aus Ockerpigmenten der Provence, handgeschöpften Nepalpapieren und anderen Materialien.
Oftmals werden „Erinnerungsdokumente" als Zeitzeugen mit in die Malereien eingeflochten, die den Moment frei nach dem Motto „Zeit steh' still" in der Unendlichkeit festhalten.

Dipl.-Designerin Andrea Montermann
Wasserschöpp 51 · 56743 Mendig · Tel. 02652/51541
www.Andrea-Montermann-Design.de
info@andrea-montermann-design.de

Von Dr. Jung sind im emu-Verlag bisher in der „blauen Reihe“ erschienen:

Von Dr. Jung sind im emu-Verlag bisher in der „roten Reihe“ erschienen:

Von Dr. Jung sind im emu-Verlag bisher in der „gelben Reihe“ erschienen:

Von Dr. Jung sind im emu-Verlag bisher in der Sprechstunden-Reihe erschienen:

Von Dr. Jung ist in Zusammenarbeit mit Andrea Montermann (Illustrationen) folgender Titel erschienen:

Von Dr. Jung ist folgende Bibelinterpretation erschienen:

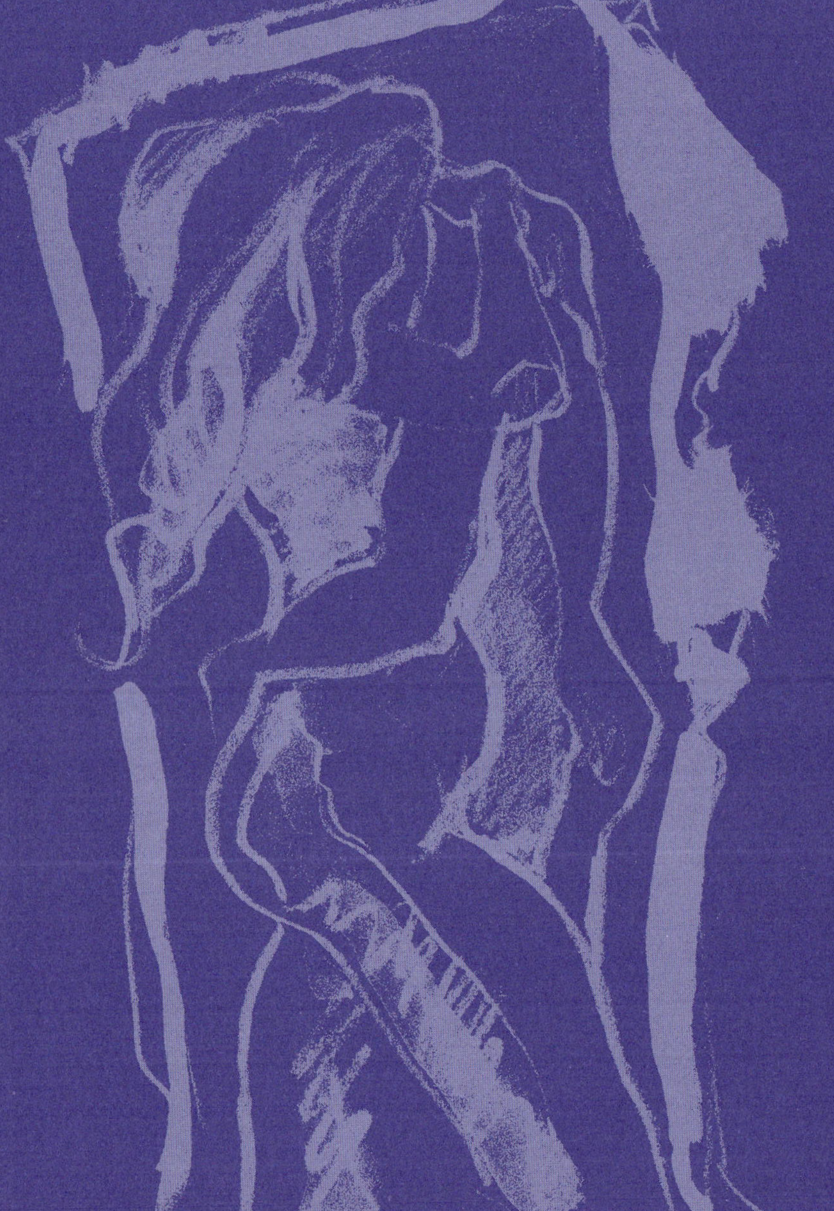